はじめての子育て

育ちのきほん

0歳から6歳

神田英雄
Kanda Hideo

ひとなる書房
HITONARU SHOBO

CONTENTS

		はじめに………………………………………………………………	4
0歳前半	1	笑顔をかわすことは表情をわかりあうこと…………… その後の発達の基礎があやしあそびの中ではぐくまれる	6
0歳後半	2	伝わる喜びをもとに落ち着きが生まれる …………… 10ヵ月ごろの赤ちゃんと物と人とのつながり	12
1歳〜2歳 かしこさ	3	「心の中の世界」が生まれる …………………………… 「知らない世界」から「知っている世界」へ	18
1歳〜2歳 自我	4	強情やダダコネとどうつきあうか …………………… 強情の奥に育っているもの	24
2歳〜3歳 かしこさ	5	言葉を活用して生まれる知的能力の基礎 …………… 心の中の「小宇宙」	30
2歳〜3歳 自我	6	ワガママの意味、ワガママを卒業する方向………… 自分が理解されていると感じられるとき	36
1歳〜3歳 友だち	7	3歳までの友だち関係をどう考えるか ……………… 共感の楽しさとケンカ	42
3歳〜4歳 かしこさ	8	言葉で考える力のはじまり …………………………… 判断主体への第一歩	48
3歳〜4歳 自我	9	3〜4歳児への最高のプレゼント …………………… 心の核となる自分を信じる気持ちとまわりを信じる気持ち	54

4歳〜5歳 かしこさ	10	確かめることで確かな知識や技能が生まれる …… ふりかえりはじめる4歳児	60
4歳〜5歳 自我	11	おかあさんやおとうさんはボクのこと好き？ …… ほめることは本当に大切か？	66
5歳〜6歳 かしこさ	12	活用されはじめた「考える力」………………… さまざまに思いをめぐらせて自ら解決策を見つけ出す	72
5歳〜6歳 自我	13	ひとりの人間として信頼できる存在に育つ……… 子どもの中に生まれる価値観という大切なもの	78
4歳〜6歳 友だち	14	「友だちづくり」を見守る …………………… 人の心の機微に気づく	84
小学校 低学年	15	「リアル」と「ファンタジー」が同居する時代 …… 自分の未来に羽ばたく想像力とあこがれ	90
小学校 高学年	16	青春へつづく小径…………………………… 子どもの成長とは何か？	96

おわりに……………………………………………………… 102

装幀／山田道弘、装画／おのでらえいこ
写真提供／たんぽぽ保育園（愛知）、和光保育園（千葉）

はじめに

　私の友人である西尾裕子さんが、次のように書いていらっしゃいます。

　子どもが一歳の誕生日を迎えた。長い一年だった。
　授乳のため夜中に何度も起こされた。寝つきが悪く、寝入るまで泣きどおしだった。一度でいい、一人でゆっくり寝たいと心から思った。家に二人っきりでいると時間のたつのが遅く、時計が止まってしまったかと思ったこともある。いつもいつも気が抜けない。長い間待ち望んだ末生まれたかわいい子であったにもかかわらず、この子がいなかったらどんなに自由だろうと思った。
　その子が満一歳を迎える。
　ごくろうさま、私。よくがんばったね。
　だれも言ってくれないけれど、自分で自分に言ってみる。赤ちゃんへと集まったプレゼントやケーキ……。何にもわかっていないこの子より、ほんとは私にほしいんだけどな。
　そうだ、今度赤ちゃんが一歳の誕生日を迎えるおかあさんに、「お誕生日おめでとう」と花束を贈ってあげよう。「おかあさんに。がんばったお祝いの花束です。一年間ごくろうさまでした」と書いて。

　私も子育て中は同じ気持ちでした。私だけではなく、すべてのおかあさん、おとうさんも、同じ気持ちなのではないでしょうか。花束を贈るかわりに私にできることは何だろうかと考えて、本書を書かせていただきました。
　親は自分の子どもについてはだれよりもよく知っています。けれども、ほかの子どもについてはあまり知りません。ですから、自分の子どもに起こったできごと——強情やダダコネやワガママ、友だちの中でひるむ姿な

どは、自分の子どもだけに見られる特徴だと思いがちです。しかし、子どもには、年齢に応じた共通性が意外に多いもの。その共通性を知るだけで、少しは気持ちが楽になるのではないでしょうか。

　本書は、多くの子どもに共通する姿を、年齢を追って説明しています。内容面では、かしこさの育ちと自我（自己意識）の育ちとを柱にしました。そのふたつが、心の発達にとってもっとも大切だと思うからです。

　本書は育児書ではありませんので、「こう育てればよい」ということにはあまりふれていません。何歳ごろの子どもはこんなことを感じている、と子どもの姿を記すことが主題です。「だから、こうかかわったらどうだろうか」という提案も少しありますが、それはあくまでも子どもの姿から導いたことに限定されていることをご了承ください。

　なお、本書は、これまでに保育者向けに書いた本を、おかあさんやおとうさん、子育て支援に携わっていらっしゃるみなさん向けに、短く書き改めたものです。さらにくわしく知りたい方は、下記の本を読んでくださると幸いです。

・『0歳から3歳──保育・子育てと発達研究をむすぶ〔乳児編〕』ちいさいなかま社
・『3歳から6歳──保育・子育てと発達研究をむすぶ〔幼児編〕』ひとなる書房
・『伝わる心がめばえるころ──2歳児の世界』かもがわ出版
・『保育に悩んだときに読む本──発達のドラマと保育の手だて』ひとなる書房
・論文「保育研究」「新・保育研究」（雑誌『現代と保育』ひとなる書房、に連載中）

　上の本をすでにお読みになった方にとっては、内容をコンパクトに整理してありますので、0歳から小学生までの成長のつながりを全体的に見渡すために活用していただければと思います。

　子どもを大切に思い、子どもの幸せを願うすべての方々に本書が少しでもお役に立つことができたら、それ以上の幸せはありません。

1 0歳前半

笑顔をかわすことは
表情をわかりあうこと

その後の発達の基礎があやしあそびの中ではぐくまれる

笑顔と人見知りとの関係

　誕生直後の赤ちゃんとかかわる何よりの喜びは、あやしかけたときに笑顔で反応してくれることです。赤ちゃんの笑顔は、それまでの疲れや寝不足を吹き飛ばしてくれるだけの力を持っています。

　赤ちゃんは誕生直後から笑うわけではありません。生後間もなく笑顔のような表情を見せることがありますが、それは寝入りばなや目覚める直前の心地よい気持ちが表情に表れたもので、人に笑いかけているわけではありません。生理的に気持ちがよい状態が表情に表れたことなので、この時期の笑顔を「生理的微笑」と呼びます。

　個人差はありますが、生後1ヵ月前後から、人の顔を見たときにハッキリと笑顔で応えるようになります。「人に向けた笑顔」という意味で、このころからの笑顔を「社会的微笑」と呼びます。赤ちゃんにとって、人の顔はほかの何よりも関心のある存在、喜びの源になる存在です。1ヵ月前後にその喜びを感じとる感性が目ざめ、

その後急速に成長して、3ヵ月ごろになると、手足をバタバタさせたりして、体中で喜びを示すようになります。社会的微笑のピークは3ヵ月ごろです。

　3ヵ月をすぎると、赤ちゃんはおかあさんやおとうさんなどよく知っている人に対しては同じように笑顔を見せるけれど、知らない人に対する笑顔は少なくなります。親とそのほかの人との区別が生まれはじめたわけです。その後、親とほかの人への「差別的な反応」はますます大きくなり、6ヵ月前後からは、知らない人にあやされると笑うのではなくて、逆に泣くようになります。これが人見知りです。人見知りは、親に対する愛情が大きく育ったことの裏返しの表現なのです。

　以上の経過を図に示してみました。人見知りのピークは8ヵ月ご

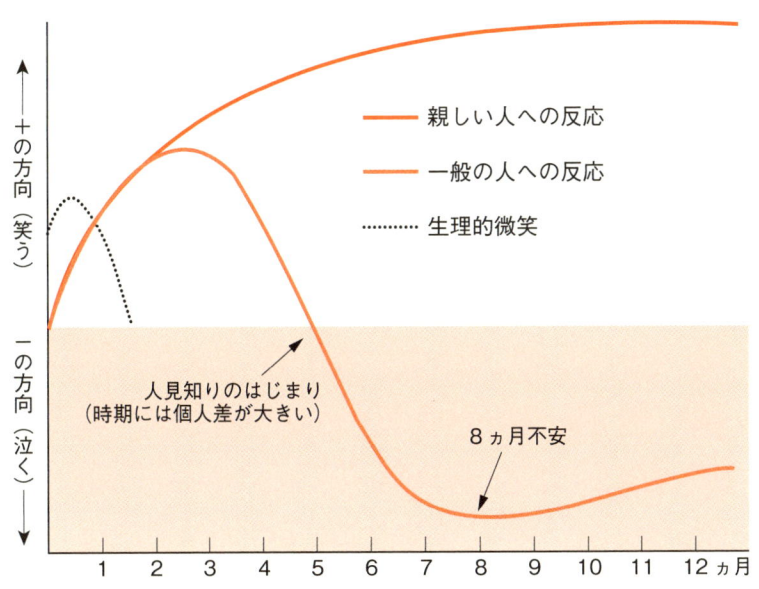

ろなので、スピッツという研究者は、このころを「8ヵ月不安」と呼びました。しかし、人見知りのはじまりやピークの時期は、子どもによってきわめて大きな個人差があります。多少の早い遅いは気にしなくても大丈夫です。

　親と親以外の人を見分け、人見知りが出ているころ、親はわが子に対して無上の喜びを感じます。どんなに子どもが泣いていても、私があやしかければ必ず笑顔になる——そういう喜びが感じられるからです。

笑いと泣きの個人差

　笑顔と人見知りの成長はこのように進みますが、赤ちゃんの反応のしかたには大きな個人差があります。泣いている子どもにあやしかけたら、「泣いたカラスがもう笑う」ということわざのようにすぐにケラケラと笑ってくれたとき、親には自信と喜びがふくらみます。すぐには笑ってくれない子どももいます。数十分間抱っこして体を揺さぶってあげないと泣きやまないとき、子育ては大変です。まして、耳にさわるようなかん高い声で泣く子どもの場合、泣き声は親の神経を疲労させてしまいます。低い泣き声は悲しくて泣いているように感じるけれど、かん高い泣き声は怒っているように聞こえます。「どうしてあなたはいつも怒っているの！」というおとなの誤解も、イラダチのもとになることでしょう。

　このような個人差は、体の硬い子とやわらかい子がいるのと同じ意味の、生まれつきの個人差です。育て方のちがいで生じるわけではないし、まして、泣き声のかん高い子が怒っているわけではあり

ません。子どもの側からすれば、同じようにお腹が空いて泣いているのに、自分の声がかん高いために親に嫌な顔をされる、なかなか泣きやめないのはそれだけ悲しい気持ちが長引いているのだけど、そのことが親のイラダチを募らせてしまうとしたら、とてもかわいそうなことになります。

　親のほうは大変です。泣きやませるために家事や仕事を中断して、数十分間子どもを抱っこしつづけなければなりませんし、いったん泣き出したらなかなか泣きやまないので、子どもが眠ったら部屋を暗くして、物音がしないように息をつめるように生活することもあります。このようなタイプの子どもを「育てるのがむずかしい子」とか、「母親殺し」（Mother Killers）と呼ぶことがあります。

　生まれつきの個人差は「気質」と呼ばれ、将来にわたる個性（「性

格」）とは区別されます。性格は気質を基盤にして、2〜3歳ごろから形成されはじめます。レンガづくりの家にたとえると、気質は建築素材としてのレンガ、性格はレンガを使って建築された家そのものと言えるでしょう。美しく快適な家ができるかどうかは、素材であるレンガの色では決まりません。家の構造によって左右されます。同じように、子どもの性格も、生まれもった気質で決まるわけではありません。

　手がかかるということは、それだけ子どもと親とのやりとりが多くなり、親密になることでもあります。「この子がこれだけ泣くのはやさしい性格の子どもに育とうとしているからだ」と理解して、性格が築かれる数年後を楽しみにして子育てしてほしいと思います。

感情を理解する入り口に立つ

　親の顔と他者の顔とを見分けるようになるころ、赤ちゃんは表情のちがいを読みとる力も育てはじめます。ためしに、3ヵ月児に親が顔を見せ、赤ちゃんが笑いかえしても親は表情を変えずに赤ちゃんをじっと見つめつづけてみてください。赤ちゃんは、自分が笑っても親が笑ってくれないので、だんだん笑顔が凍り、やがて泣き出してしまうでしょう。人を見分けるころは、表情のちがいや表情の変化を見分ける力が育ちはじめる時期でもあります。

　表情は人の感情の出口です。表情を読みとるようになることは、人の感情に気づきはじめることだと言えるでしょう。親が笑顔と真面目な顔を交互に見せたとき、赤ちゃんもそれに呼応して笑ったり、しずまったりします。それは、表情のやりとりをこえて、感情の交

流、気持ちの伝わりあいが成立していることを意味します。心豊かな子どもに育つためには、このころからのあやしあそびがきわめて重要な意味を持つことがおわかりでしょう。

　そして、表情を読みとる力は、次の成長への重要な手段として、その後生かされていくことになります。

2 0歳後半

伝わる喜びをもとに落ち着きが生まれる

10ヵ月ごろの赤ちゃんと物と人とのつながり

三項関係の成立

　子どもの発達にとって重要な革命的変化が、10ヵ月前後に生じます。子どもの心の中で人と物事（対象）とが結びつく、ということです。

　このころから、子どもは興味深いものを見つけると、おとなに知らせるようになります。散歩先でタンポポを見つけると、ちぎっておとなにかざして見せます。ナベであそんでいて、ピタリとナベにフタがはまると、「はまった！　うれしい！」というように声をあげてピカピカの笑顔でおとなをふりかえります。

　これらの行動は、「おもしろいものがあった」「おもしろいことができた」という対象への関心をおとなに伝えようとする行動で、対象とおとなとが子どもの心の中で結びついたことを意味します。

　心の中で人と対象が結びついたとき、外から見ると「子ども―おとな―対象」の三者がつながったように見えるので、このような活

動を「三項関係」と呼びます。おとなと子どもが同じ対象に関心を寄せているという意味で「共同注意（ジョイントアテンション）」と呼ぶこともあります。9ヵ月以前では、人や物は子どもの心の中で結びついていません。ガラガラであやしかけると、ガラガラに子どもの意識が向いたときは親を無視してガラガラを奪おうとするし、親に関心が移ったときにはガラガラを忘れてニコッと笑ったりします。子どもの心の中は、「子ども―対象」「子ども―人」という、ふたつの関係でいっぱいになっています。

　10ヵ月ごろに成立する「革命」とは、三項関係が成立することです。子どもはまだ言葉を獲得していませんから、「おもしろいものがあった！」という関心は言葉でおとなに伝えることができません。言葉にかわって伝える手段になるのが表情です。三項関係の中で、子どもは表情と声を使っていっぱいの思いを親に伝えていきます。3ヵ月ごろからめばえた表情を読みとる力（第1章）が、10ヵ月前後に「発達の革命的変化」を引き起こしていくわけです。

三項関係の中で生み出される言葉の基礎

　三項関係の成立を「発達の革命的変化」と呼ぶのは、三項関係の中で次の発達の根本となる諸能力や感情が育ちはじめるからです。
　第一に、三項関係の中で、言葉の基礎が固められます。
　言葉は、何らかの物事を音声を使って他者に伝える働きです。10ヵ月前後の子どもは言葉で伝えることはできません。しかし、「物事を何らかの手段を使って相手に伝える」という言葉の基本形は、三項関係そのものではないでしょうか。三項関係における「何らか

の手段」とは、表情であったり、指さしであったりします。三項関係が成立した子どもは、表情や指さしに言語音がくっつきさえすれば、言葉を獲得できるわけです。タンポポを指しておとなをふりかえったとき、おとなが「タンポポあったねえ」と語りかけるならば、子どもは「今、自分が見ている物は『タンポポ』というんだ」と理解して、「タンポポ」という言葉を獲得していくでしょう。言語の獲得にとって、三項関係はなくてはならないものです。

　なお、「子ども―おとな―対象」の結びつき方にはいろいろあります。犬を前にした子どもとおとなが「ワンワン」と伝えあうとき、ふたりの言葉はいっしょですし、「犬がいた、かわいいねえ」という気持ちもいっしょです。つまり、言葉のふたつの要素である「音声」と「意味」とが共有されています。このときに、伝えあいの中から子どもの言葉が生み出され、育ってきます。

　まったく別の形の三項関係もあります。おかあさんがお菓子を子どもに差し出して、「ちょうだいは？」と言い、子どもが「チョウダイ」と答えるような関係は、「子ども―おかあさん―お菓子」という三者が結びついているので、形のうえで三項関係ということはできますが、ふたりの気持ちは、「ちょうだいと言わせたい」「お菓子をもらいたい」と、まったくちがいます。音声が似ていても気持ちがまったくちがうときには、「意味」が共有されないので、言葉の獲得のためにはきわめて不利です。言葉の育ちが遅いとき、「要求を先取りしておとながやってあげてしまうから言葉が必要なくなるのだ」と言われることがあります。高いところにあるおもちゃを子どもがほしがったら、「取って」と言葉で要求するまで取ってや

らないほうが言葉を育てるためにはよいのだ、という考え方です。しかし、これはおかしなことです。「取ってと言わせたい」「取ってほしい」というふたりの気持ちがバラバラな場面では、言葉の意味は育たないからです。「要求を表現するために子どもは言葉を覚える」という考え方は、つきつめていくと、「取りたいのに取れないから何とかして」というストレスの中から言葉が生まれるということになってしまうでしょう。

　言葉は伝えあう喜びの中から生まれるものです。「あ、あんなところにあったねー」「アッタ」「取ってみようか」「トッテ！」という共感的なやりとりのほうが、言葉を育てるうえではよほど大切なのだと思います。

豊かな感情をはぐくむために

　三項関係の重要さは、言語獲得の基礎であることにとどまりません。

　タンポポを見つけてふりかえったとき、おとなが笑顔をかえすならば、子どもは「タンポポって、おとなが笑顔を見せるステキな物なんだ」という、タンポポへの肯定的な関心を育てるでしょう。ウンチを見つけたとき、おとなが「ウンチ、バッチイ」と顔をしかめるならば、子どもは「ウンチは汚い物だ」という感情を育てます。「表情は感情の出口」ということが、三項関係の中で子どもの感情を育てる大きな役割を果たします。

　三項関係によって、0歳末ごろの子どもは世の中のさまざまな物事に対する感情的な態度を育てていきます。1歳前後の子どもが転

んで痛い目にあってもすぐには泣かず、おとなをふりかえり、おとなが「まあ、大変！」という顔をしていると、それから泣き出すことがあります。わが身がこうむった痛ささえ、おとなの表情をとおして理解していくわけです。

　子どもがふりかえったときにおとながそばにいなかったり、無表情であったりしたらどうなるでしょうか。子どもたちは、喜びも感動もない形で世界と出会ってしまうのではないでしょうか。

　子どもとおとなが横並びの関係を持ち、同じ物を見て、同じ喜びを感じて、同じ驚きを感じて……。それが子どもの心を関心や感動でいっぱいにしていくコツです。子どもの心を豊かな感情でいっぱいにふくらませたいという願いは、豊かな三項関係を築くことによって実現されていくことでしょう。

「落ち着き」のはじまり

　三項関係の三つめの意味は、落ち着きが生み出されることです。子どもがタンポポを見て感動して指さしをしたとき、関心はタンポポにあるわけですから指先はタンポポに向けられます。他方、親に

伝えたいわけですから、体は親の近くにいなければなりません。ふりかえったときに表情で伝えあわなければならないわけですから。このとき、一瞬、子どもの動作が止まります。「落ち着き」のはじまりです。

　三項関係が未成立のときはどうなるでしょうか。伝えたい要求がないのですから、子どもは親元を離れて、ハイハイの子はハイハイで、歩けるようになった子は歩いて、まっしぐらにタンポポのほうに行ってしまうでしょう。目に入った物に次々に関心が向けられ、刺激に誘われるようにあちこちと動きまわってしまいます。「落ち着きがない」といわれる状態です。

　落ち着きはその後の成長にとってとても大切なことです。目に入った物にすぐに手が出てしまうと、友だちの持っている物もパッと奪ってしまうでしょう。奪う前に親のほうをふりかえる、という三項関係の行動が出てくれれば、「ダメヨ、それは○○ちゃんのだよ」という親の言葉が表情をとおして子どもに伝わり、子どもは奪う行動を中止することができます。

　生まれつき動きの活発な子どもに三項関係を育てることが簡単ではない場合があります。そのようなとき、子どもといっしょに親も動き、ハイハイで高いところに登れたら「登ったね！」と共感するというように、動きのある三項関係をつくることが役立つことがあります。

　10ヵ月以降は、子どもの傍らに親がいて、さまざまな感動を共有しましょう。言葉による知的な力も、感情の豊かさも、落ち着いて判断する力も、三項関係を基礎にして成立してくるのですから。

3 1歳〜2歳
かしこさ

「心の中の世界」が生まれる

「知らない世界」から「知っている世界」へ

表象の誕生

　10ヵ月以来の三項関係を土壌として、1歳半ごろ、子どもの知的発達に大きな飛躍がおとずれます。「頭の中の世界」が生まれることです。

　私たちは、「今夜の夕飯は何にしようか」とか、「雲が多いから傘を持っていこう」などと頭の中で考えます。それは知恵が働いているということです。知的能力は学力に限定されないし、まして、文字をいくつ書けるか、数をいくつ唱えられるかといった部分的能力に限定されません。的確に判断してよりよく生きるかしこさこそ、知的能力と呼ぶにふさわしいものです。そのためには、物事を頭の中に思い浮かべる力が必要です。

　思い浮かべる力を「表象」といいます。表象が誕生するのが1歳半ごろです。

　子どもの行動を見れば、表象の誕生が手にとるようにわかります。

　たとえば、目の前のバナナがほしいとき、子どもは「ナナ！（バナナがほしい）」と、未熟な発音で要求するでしょう。年齢が１歳前半までならば、おとながバナナを隠し、かわりに「ほらミカンだよ！」とミカンを差し出せば、子どもは「ミカン！　エヘヘ」と納得してしまいます。バナナへの要求は、バナナが見えなくなった瞬間に消えてしまいます。１歳半をすぎるとちがいます。ミカンを出しても、「チアウ！　ナナ！（ちがう、バナナがほしい！）」と、要求がつづきます。心の中にバナナの表象が存在するので要求がつづくわけです。

　表象の起源は、三項関係の中に、とりわけ、指さしでおとなと伝えあう関係の中にあります。おとなが犬を指さして「ワンワンだよ！」と言ったとき、０歳中ごろの子どもは、おとなの指そのものを見てしまいます。しかし、三項関係で「対象について伝えること」ができるようになった子どもは、指さした先にある何かを探そうとします。「指の先には何かがある」という期待が生まれており、発見したときには「イタ！」という感動で親をふりかえり、発見した物を確認しあいます。子どもの期待は、１歳前後までは漠然として具体的な形を成していませんが、１歳をすぎたころから「ワンワ

ン」のイメージが少しずつ形成され、犬への期待を持って探すようになります。このような経験の積み重ねの中で、1歳半ごろに表象が確立していきます。

表象の成立と言葉

　初語は1歳前後に出現します。初語の出現時期は個人差がきわめて大きいし、初語が多少遅かったとしてもその後の発達にとってはほとんど何の影響もありません。初語は「ワンワン」「ブーブ」「マンマ」など、名詞形をとることが多いのですが、これらの言葉のほとんどが要求語ではなくて共感語であることに注意をはらいたいと思います。「ワンワン」は「ワンワンを取って！」という意味ではなく、「ワンワンいた、おかあさんも見て！」と、驚きや喜びを相手に伝えるために発せられます。くりかえしになりますが、言葉は要求を実現するために生まれるのではなくて、伝わりあう喜びによって生み出されるわけです。

　初語が出たということは、初語に対応した表象が成立しはじめたことを意味します。しかし、1歳前半の言葉は意味が多義的であいまいです。子どもが「ボッチ（帽子）！」と言ったとしても、帽子を意味するとはかぎりません。外出するときはいつも帽子をかぶるので、「お外へ行きたい！」という意味が込められているかもしれません。1歳前半の言葉が多義的であいまいなのは、言葉の意味を形成している表象がしっかりしていないからです。

　1歳半をすぎると、言葉はハッキリとした意味を持ちはじめます。「ワンワン」は犬だけを指すことがわかります。だから一語だけで

は「犬がいた」という意味を伝えられないと感じた子どもは、「いた」という単語をつけ加え、「ワンワンイタネー」と、二語文を生み出していきます。

　表象が確かになるにつれて、知っていることと知らないこととが明確に区別されるようになります。その結果、「コエ、ナニ？（これはなあに？）」という質問が頻発する「ナニナニ時代」が到来します。パンを指さして「ナニ？」と質問した子どもに親が「パンだよ」と答えると、子どもは深くうなずきます。深いうなずきには、「ボクが思ったとおりに答えてくれた」という満足感が込められています。知らないことを聞くのであれば、知ることができたときに質問は終了しますが、この時期の質問は知っていることを聞きたいので、簡単には終わりません。10秒後にまた同じ質問をして、「さっき言ったでしょ！」と親をイライラさせることもあります。「知っている」「わかる」という感情は、自分の頭の中の表象と、外界にある実物とが照合され、両者が一致したときに感じられる感情です。くりかえされる同じ質問は、「ぼく、これを知ってる！」という感動の表出であり、周囲の物事がわかりはじめた感動の表現です。

　「知っている」という感動と、それが親に伝わる喜びに駆り立てられて、1歳半から3歳ごろまでの間に、子どもたちは言葉の数を急増させていきます。

「知らない世界」から「知っている世界」へ

　子どもが指さして「ワンワン！」と言うので、「犬なんていないよ」と歩いていくと、隅に小さく犬のイラストが描かれたポスター

が貼られていたりすることがあります。「ワンワン」という言葉を覚えた子どもは、おとなにはできないくらい目ざとく犬を発見します。「バス」という言葉を覚えた子どもは、遠くの陸橋の上を走るごま粒ほどのバスさえも発見します。覚えた言葉に関して、子どもはとても目ざとくなります。なぜでしょうか。

　表象が成立していなかったころ、子どもは目の前のさまざまな物と表象との照合ができません。それは「わかった！」「知っている！」という感動を持てないことを意味します。周囲の物は見えるけれど、それぞれが何であるのかはわからない。子どもにとって、周囲の世界は「よそよそしい世界」でしょう。ところが、「ワンワン」を覚え犬の表象を成立させた子どもには、よそよそしい世界の中に、たったひとつだけ「知っている物」が生まれます。だからこそ、目ざとく犬を見つけられるのだと考えられます。

　私たちおとなは、周囲の世界のほとんどすべてを知っています。まっすぐつづく歩道、並んでいる街路樹、ビルの一階にあるショウウインドウ、そこに貼ってあるポスター……。犬のイラストは、知っている物の中に埋もれてしまっています。だから子どもほど目ざとく犬を発見することができません。

　ひとつ言葉を覚えたとき、ひとつの表象が生まれます。1歳半から3歳までの単語急増期は、子どもの頭の中に表象が次々に生まれていく時代だということになります。それは、「知ってる！」と感じられる物が、ひとつ、またひとつとふえていく時代でもあります。そして、数百の言葉を話せる3歳になれば、「ボクは何でも知っている！」という自信が生まれることでしょう。1歳半から3歳は、

周囲の世界が「よそよそしい世界」から「知っている世界」へと変貌していく、感動にあふれた時代です。

子どもが、「ワンワン！」「バチュ！」「ニャーニャ！」などと言葉にいっぱいの思いを込めて教えてくれたときは、子どもの頭の中にある表象と外界の事物とが照合され、表象がさらに確かになったり、新しい表象がつくられたりしている瞬間です。同じ物を発見して親と子が伝えあうときは、そのような感動的なできごとに親が立ち会っている瞬間なのです。

なお、外出するとき、親は公園などほかの子どももあそんでいる場所に行こうとしがちですが、内的な世界が拡大していくためには公園である必要はありません。いろいろな物があるところで、親と子の目の位置が近く、お互いの声が届き、指さしも伝わるくらいの近距離で二人が発見を伝えあうだけでよいわけです。小道をゆっくりと歩くだけで十分です。ベビーカーは子どもがふりかえっても幌が邪魔をして親の顔が見えませんし、親と子の目の距離も近くありません。発見の感動を共有しにくい状態です。時々抱っこしたり少しは歩くという配慮が求められるかもしれません。車の後部座席にチャイルドシートをのせて移動することも同じです。体の安全は守られますが、心の成長は守られません。どこに行くにも車や公共交通機関を使わなければならず、エスカレーターや階段の多い現在の環境は、発達のためのバリアフリーからはほど遠い環境です。

かしこさ

1歳〜2歳
自我

強情やダダコネとどうつきあうか

強情の奥に育っているもの

強情から反抗へ

　1歳代から「イヤイヤ」の強情がはじまり、3歳前後の「第一次反抗期」まで、扱いにくい年齢がつづきます。「イヤ！」は生活の流れをストップさせ、スケジュールを狂わせてしまうので、親のイラダチも大きくなります。「イヤ」を連発するのは、自我が誕生するからです。自分を意識する心の働きを「自我」と言います。1歳中ごろに自我が誕生するので扱いにくくなるわけです。

　10ヵ月ごろからの三項関係では、親がおもしろいと思うものは自分にもおもしろいし、親がこわいと感じるものは自分にとってもこわいと感じることによって、周囲の物事の意味を理解してきました。それは子どもの感性が育つうえでとても意味あることですが、そのころは子どもと親は一心同体でした。自我が誕生した子どもは、「自分は親の一部ではない」「独立した存在だ」というアピールをはじめます。その最初の形態が「イヤ！」という反発です。

「トイレに行くよ」と言われて「ウン」と動いてしまうと、親の意思どおりになるので親の一部分のままです。だから、いったんは「イヤ！」と反発して、自分は独立した存在だとアピールしているわけです。

「自分は親の一部ではない」「自分は独立した存在だ」という気持ちは、3歳まで拡大しつづけます。幼稚園への入園面接のとき。先生がカメの絵を見せて「これは何か言えるかな？」と質問したら、「カメ」という言葉を知っているのに絶対に言おうとしない子どもがいました。子どもの気持ちを代弁すれば、こんなことになるでしょう。「あなたは私に『カメ』と言わせたいんでしょ。だけど私はあなたの一部じゃない。だから、あなたの思ったとおりにはならないよ」。最後にその子はとうとう口を開いたのですが、言ったのは「カメ」ではなくて、「それはねっ、浦島太郎が乗る物っ！」でした。「あなたの思うとおりには言わないよ。だけど正解でしょ。文句ある?!」というわけです。「ニクイね、この子は」という状態です。これが「反抗期」です。

1歳中ごろに誕生した自我が2歳、3歳と拡大していくのにともなって、「強情」から「反抗」へと、子どもは歩みを進めていきます。

強情の裏側に育っている宝物

老人介護施設で働く人に、こんなことを聞いたことがあります。認知症はなく理解はしっかりしているけれど、身体が動かないので全面介護が必要なお年寄りがふたりいました。ヘルパーさんにそれ

自我

ぞれお礼を言ってくれるのですが、言葉がちがいます。片方の人は「すみませんね……」と言います。もうひとりのほうは「ありがとう」と言います。「ありがとう」と言う人のほうが気持ちのうえで元気だそうです。「すみません」には、自分の存在に引け目を感じているニュアンスがあります。介護は大変ですから、申し訳ないと感じる感情も貴重でしょう。しかし、その人が大切だから、気兼ねなく生きていてほしいから介護をするわけです。人間は、年老いて身体が動かなくなっても、自分の存在に誇りを持ちつづけて生きていてほしい。そうすることが、気持ちのうえでも元気でありつづけるためには必要なのだと考えさせられます。

　1歳半前後に誕生する自我は、「自分の存在に誇りを持つ」ということのはじまりです。扱いにくくなるけれど、「自分はすごいだろ！」と感じる自我こそ、子どもの心の中から決してなくなってしまわないように、大切に守り育てていきたい人格の核心部分です。

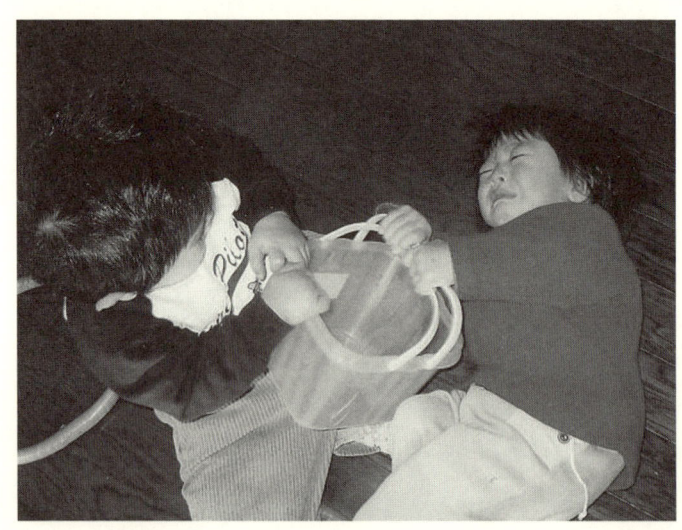

自我が誕生すると、かっこいい姿を見せてくれます。１歳児の前でおかあさんに頭痛で苦しむ姿を演じてもらうと、子どもはどうふるまうでしょうか。自我の誕生前は「自分はおかあさんと一心同体だ」と感じているので、おかあさんの苦しさが伝染してオロオロし、やがて泣き出して終わってしまいます。自我の誕生後はちがいます。オロオロと涙することは以前といっしょですが、それだけで終わりません。小さい手をおかあさんの額にあて、「ドーチタノ？　アタマ、イタイノ？」と介抱しようとします。自分は独立した存在だからおかあさんを守らなければならない、と感じるのでしょう。懸命に役立とうとする小さな自我は、抱きしめてやりたくなるほど、けなげで愛おしく、かっこいい存在です。

　ある保育園の２歳児クラスで、担任の先生のご主人が亡くなりました。それを知った子どもたちは、保育者のまわりに集まってきて「先生ノオトウサン、死ンジャッタ？」と口々にたずねます。「死ぬ」の意味はわからないけれど、もう会えなくなる悲しいことが起こったのだ、ということは理解できます。「死ぬ」という言葉を使いたくなかった保育者は、「ううん。死んだんじゃないよ、お空に行っちゃったの」と言いました。子どもたちは走って窓の外に顔を出し、「オ空ノバカー。先生ノオトウサンヲ返セー！」とどなったそうです。「お空を悪者にしてはいけない」と感じた保育者があわてて、「ちがう、ちがう。お空に行ったんじゃない。先生の心の中に住んでいるんだよ」と言い換えました。子どもたちは保育者の胸に飛び込んできて、保育者のＴシャツの胸元から中に向かって、「先生ノオトウサーン、出テキテイイヨー！」と叫んだそうです。

自我

ひとりの人間として、子どもたちは保育者を守ろうとしています。「独立した存在だ」と主張する自我は、こんなにすばらしい存在でもあります。

「独立した人間としてかっこよくありたい」と願う子どもたちは、2歳後半からテレビのスーパーヒーローにあこがれはじめます。ヒーローごっこは興奮を高めて乱暴な行動を引き出し、怪獣に見立てた友だちを泣かせてしまうので、望ましいあそびとは言えないかもしれません。しかし、ヒーローにあこがれる子どもの心の育ちには共感してあげたいものです。

強情への対応

自我のめばえや拡大にともない、かっこよくなる反面、扱いにくくもなる1～2歳児。かっこよさには賞賛を贈るとして、「強情」にはどう対応すればよいのでしょうか。

親の指示で動かそうとするのではなく、子どもが自分の意思で動けるように導くことができれば、「イヤ」は出にくくなります。親「お洋服着ようね」、子「イヤ！」、親「じゃあ、ズボンからはく？シャツから着る？」、子「シャツ」、親「わかった、シャツから着ようね」、子「ウン」……というやりとりです。選択権を与えられることによって「親の一部でない」を実現できるので、子どもは「イヤ」をもつれさせません。しかし、子どもはすぐにかしこくなるので、間もなく「どっちもイヤ！」になってしまいます。

集団の場であれば、他児の姿に気づかせて導くこともできます。なかなかトマトを食べない子に、「あーっ、○○ちゃんがトマトを

食べてる！」と声をかけると、友だちの姿を見た子どもは負けるものかと自分も食べはじめます。

　もう一つのかかわり方は、言葉をかけたあとで、ちょっと間をおくことです。親「ごはんにするよ」、子「イヤ！」、親（とりあわないで食事の準備をする）。数分後、子どもは「ゴハン食ベルー」とやってくる。

　時間的な「間」をあけることによって、子どもは自分の意思で動いたという感覚を持つことができます。2歳をすぎたら、20～30分くらい前に「もう少ししたらご飯にするよ」と予告すれば、自分で動く心のゆとりを持つこともできます。ちょっとの「間」をつくることで強情をもつれさせないですみます。

　「イヤ」の強情や「ジブンデ」「ミテテ！」の賞賛要求。どちらも十分に認めてやりたいのですが、なんと時間のかかることか。親にとってつらい時期です。「子どものためにつきあう時間」を決め、家事を忘れるために日常から切り離された小さな旅行＝散歩などに出ることも必要かもしれません。子どもの自我のかっこよさを守り育てながら、不必要な扱いにくさを最小限に。そんな生活を送れたら最高です。

2歳〜3歳
かしこさ

言葉を活用して生まれる知的能力の基礎

心の中の「小宇宙」

「頭の中」が広がる

　1歳半ごろの表象の誕生は、言葉と結びつくことによって、言葉の急激な成長をもたらしました。両者の関係は2歳半ごろから逆転し、言葉の力を支えとして、子どもの知的な能力が次のステージへと発達していきます。

　1歳児の表象は、いわば「頭の中にひとつの物事を思い浮かべるだけで精一杯」の状態にあります。子どもの中にサラダボウルがひとつあって、その中にボール（球）がひとつ入っていると想定して下さい。サラダボウルが「表象の入れ物」、「ボール」が表象です。「ワンワンイタ！」と思ったとき、頭の中のサラダボウルには、「犬のボール」が入っています。1歳児はサラダボウルの容量が小さいので、「犬のボール」が入ると、それで満杯になっています。次にバスを発見したとしましょう。「バチュ！」と感動して、サラダボウルの中に「バスのボール」が入った瞬間、前に入っていた「犬の

ボール」は押し出されて意識の外へこぼれてしまいます。思い浮かべることのできる物事は、いつもひとつ。それが１歳児の状況です。

　２歳をすぎると、頭の中のサラダボウルは、だんだん容量が大きくなります。ひとつのボールが入っただけでは満杯にならず、ふたつめのボールを入れる余裕が生まれます。同時にふたつ以上の物事について思い浮かべることができるようになるわけです。

　バスを見つけた２歳児は、１歳児と同じように「ア、バチュ！」と発見します。その後ろからまたバスが来たらどうなるでしょうか。１歳児は２台目に対しても新たな気持ちで「バチュ！」と歓声をあげますが、２歳児は「マタ、バチュ！」と感動します。「マタ」は、先に見つけたバスを頭の中に残しつつ、新たにもうひとつを見つけたときにもたらされる言葉です。複数の物事に同時に意識が向けられていることがわかります。

　散歩先で水たまりを見つけたとき、１歳の子はひとつの水たまりに入ってバチャバチャすれば満足でした。２歳児はひとつの水たまりでバチャバチャしながら、少し離れたところにある別の水たまりを発見して、「アコモ（あそこにもある）！」と言い、水たまりを渡り歩くようにあそびます。だから、公園であそぶとき、すべての遊具で一通りあそばなければ気持ちが収まらず、なかなか帰ろうとしません。

　絵本を見るときも同じです。１歳児はひとつの事物が大きく書かれている絵本、いわゆる「物の絵本」が大好きです。新幹線の絵が見開き２ページに大きく書かれていると「あ、チンカンテン（新幹線）！」と言い、「ボク、コレシッテル」という感動と満足感を持

って見つめ入ります。2歳をすぎると、見開き2ページにたくさんの物がいっぱい描かれている絵本が大好きになります。たとえば、かこさとしさんの『くまちゃんのいちにち』（福音館書店）の朝食の場面には、ごはん、味噌汁、トースト、卵焼き、海苔など、朝食に出てくるたくさんの食物が描かれています。2歳児は、その一つひとつを指さして、「ア、マンマ。ココモマンマ、ココモ……」と、たくさんの食物を次々と見つけて楽しみます。「ココモ」の「モ」は、先に見つけた食物を頭の中に残しながら、新しいことを発見した感動を示しています。ミニカーであそぶときも、1歳児はひとつを走らせることで満足できました。2歳になると、「もっともっと」と、一列にずーっと長く並べて、ミニカーの列をつくろうとします。「ココモ、アソコモ」の2歳児。「モット、モット」の2歳児なのです。

「概念」の誕生

　複数の物事を同時に思い浮かべることができるようになる2歳児には、1歳のころにはなかった新しい知的な力が誕生します。

　駅前にたくさんのバスが並んでいたとしましょう。2歳児は「バチュ！　マタ、バチュ！」と次々に発見しながら、最後に「バチュ、イッパイネー！」という感動の言葉でしめくくります。「イッパイ」は、もはや物の名前ではありません。指さしで「いっぱい」の意味を伝えられるでしょうか。バスのおもちゃを3台並べ、順番に指さして「これは何？」と質問したとしたら、「バチュ」「バチュ」「バチュ」と、「バチュ」を3回くりかえすだけです。「ちがうちが

う。正解は"イッパイ"なの」と教えようとしても無理な話です。指さしで示すことができるのは、物の存在だけ。「イッパイ」は、物の存在を越えた、高次の知的理解です。複数の物事を同時に思い浮かべることによって、子どもは指さしでは教えることができない新たな知的成長をとげるのだと言えるでしょう。「イッパイ」だけではなく、「オンナジ」や「イッショ」「〜ミタイ」など、共通性や関係をあらわす言葉を２歳児は獲得していきます。それらはもはや「表象」と呼ぶよりも、「概念」と言ったほうがふさわしい中味です。

　２歳児は異質性をあらわす概念も獲得します。バスが２台つづけてやってきて、前のバスがマイクロバスで後ろのバスが大型バスだったとしましょう。２歳児は「バチュ！　マタ、バチュ……」と発見し、「オンナジネー」と言おうとしますが、「同じではない」に気づきます。そして「オッキイ（大きい）！」という感動が生まれます。このとき、大小をあらわす概念、つまり、異質性や物の属性をあら

かしこさ

わす概念が獲得されたわけです。このようにして、2歳から3歳代にかけて、長い－短い、重い－軽いという比較概念や、赤、青、黄色などの色の名前や、「キレイ」などの物の属性をあらわす概念も獲得していきます。

　0歳末ごろから1歳代にかけて、三項関係と指さしを支えにして子どもたちは表象を獲得してきました。2歳から3歳代にかけて、今度は言葉を支えとして表象をふくらませ、概念にまで高めていきます。

心の中に「小宇宙」が広がる

　2歳児は散歩先で、「ア、ココ、キタコトアル！」という感動の言葉を発することがよくあります。頭の中のサラダボウルが大きくなった2歳児は、今いる場所の風景を見ながら、以前来たことのある風景を思い浮かべ、両者を関係づけることによって「ここは前に来たことのある場所だ」という感動を味わうわけですが、頭の中の過去の風景は停止していません。「前に来たときは、ここからどこに行ったんだったかな？」と次のシーンが浮かびます。そうすると、ハッとしたように、「コッチニ行クト、オウチ！」ということに思いあたります。逆方向を指さして、「コッチハコウエン」と言ったりします。その瞬間、2歳児の頭の中に空間と地図が広がりはじめます。空間が理解されはじめると、子どもたちには、また新しい感動が生じます。電信柱が電線でつながっていることに気づいた子どもは、「ントネ、棒（電信柱）ト棒ハネ、ズーットツヅイテイルンダヨ」「道ト道ハツナガッテイテ、ドコマデモイケルンダヨ」と、

空間的な広がりに感動します。

　隣のお姉さんに「きのう、お姉さんはディズニーランドに行ったんだよ」と教えてもらったとき、2歳児は、「○○ちゃん（自分のこと）モ、行ッタコトアル！　アノネ、ズーットマエ、行ッタノ！」などと語ります。「ズーットマエ」に力こぶが入って、強い調子です。おかあさんに聞くと「ずっと前ではないんですよ、きのうなんです」と笑われることもありますが、2歳児は、どうして「ズーットマエ」に力を込めて話すのでしょうか。それは、「今ではないんだよ、過去なんだよ」ということに気づいたからです。それをあらわす適当な言葉が思い浮かばないので、「ズーットマエ」に力を込めたのでした。その瞬間、2歳児の心の中に「過去」が生まれ、時間が流れはじめます。

　連れて行かれたところがすべて、今いる時間がすべて、というのが1歳児でした。しかし、2歳児はちがいます。心の中に空間が広がり地図ができ、昨日から今日へそして明日へと時間も流れはじめます。2歳児の心の中には、物の表象や概念がつまっているだけではありません。空間があり、時間があります。それは、周囲の世界と同じようなひとつの小宇宙だと言えないでしょうか。やがてその中で自分がどうふるまえばよいのかを考えるための、舞台装置ができあがったことでもあります。

　身長が1メートルに満たない小さな体なのに、心の中には小さな宇宙が生まれている。2歳児は成長の奇蹟を感じさせる年齢です。

かしこさ

6 2歳～3歳 自我

ワガママの意味、ワガママを卒業する方向

自分が理解されていると感じられるとき

ワガママ、ダダコネの時代

　1歳中ごろに成立した自我は、「自分は独立した存在だ」と主張しました。同じことを、周囲の人にも要求します。「自分が周囲から尊重されているかどうか」とアンテナをはりめぐらせてハリネズミのようになっている姿。それが、1歳半〜3歳半ごろの子どもの姿です。表象が豊かになった2歳児期は、1歳児期以上に「扱いにくい姿」があらわれます。

　1歳のころは表象が生まれたとはいえ、まだ未熟でしたから、おとなからの指示に「イヤ！」と反発することによって、「自立した存在」を主張しました。ところが、2歳をすぎると表象が豊かになるので、拒否ではなく子どもの要求が表現されます。そしてその要求を周囲がとりあげなかったとき、「ボクの要求を否定することは、ボクをないがしろにしたことだ」と感じ、ひっくりかえって怒るなどのダダコネがはじまります。

母と子が買い物に行った帰り、親も子も疲れ果ててバス停で降りました。家まで歩かなければなりません。そのとき、子どもが「オンブスル！」と要求しました。おかあさんは疲れているうえに荷物を持っているわけで、要求に応えることができません。「もうちょっとだから歩きなさい」と言っても子どもは聞く耳を持たず、「オンブスル〜！」とわめきます。「もう知らない！」と歩きはじめると、大声で泣きながら1〜2メートル後ろをついてきました。10メートルほど歩いたあとで、泣き声があまりにも大きくてはずかしいので、とうとうおかあさんが根負けしました。「わかった、わかった。おんぶしなさい」と背中を子どもに向けてしゃがむと、子どもは最初に要求した場所までの10メートルを一気に走り戻り、「ココカラ（ここからおんぶするの）！」と要求しました。疲れているならその場でおんぶされればいいのに、疲れた体にむち打って10メートルを逆戻りしたわけです。「尊重してほしい」という自我の要求が、「すぐにおんぶしてほしい」という肉体の要求よりも強いことを物語るエピソードです。

　2歳の子どもの要求には、常に二つの意味があります。ひとつは、言葉で表現されたとおりの要求です。「おんぶしてほしい」と言ったなら、言葉どおり、おんぶされたいという要求がこれにあたります。その裏側に、もうひとつの要求があります。「ボクを尊重して！」という自我の要求です。第一の要求だけならば、かなえられなかったとしても悲しくくやしいだけですが、第二の要求がかなえられなかったときには、怒ったり、ダダコネしたり、はげしいかんしゃくが引き起こされます。要求が二重構造を持っているために、

自我

3歳中ごろまではとても扱いにくい時代です。

「ボクはまんざらでもないでしょ？」「ボクはみんなから尊重されているでしょ？」という自我要求は人格の背骨ですから、常に満たしてあげたいものです。しかし、そのために、第一の要求を常に満たして子どものいいなりになるならば、ワガママになってしまいます。どうしたらよいのでしょうか。

子どもを尊重するとは「思い」を尊重すること

2歳後半以降、表象が豊かに育ち、内面がふくらんでいる点に、この問題を解決する手がかりがあります。「思い」がくみとられれば「自分が尊重された」と感じられる感性が育ちはじめるということです。

保育園の2歳児クラスでこんなことがありました。赤い三輪車に乗っていたK男くんは、保育者に頼まれて、三輪車を友だちに譲りました。そのときはスッと降りたのだけれど、友だちが走りはじめると「ワーン」と泣きはじめました。ほかの色の三輪車はあるのですが、赤い三輪車にこだわっているので、保育者が何と言っても泣きやみません。そこへ友だちのY子ちゃんが来て、K男くんの顔をのぞき込み、「モットイッパイ乗リタカッタノ？」と声をかけたら、K男くんはケロッと泣きやんでしまったのです。赤い三輪車に乗りたい要求は満たされなかったけれど、自分の思いをY子ちゃんがくんでくれた。それだけで泣きやめるほど、「思い」を理解してもらうことが大切なのでしょう。

家庭で、親が夕食後の洗い物をしているとき、子どもが「アソン

デ」とやってきます。あそべないわけではないけれども、できれば洗い物を終えてしまいたい。「あとでね」と言うと、子どもは「アトデジャナイ！　アソンデ！」とひっくりかえってダダコネをします。こんなとき、子どもの「思い」をくんだ対応とはどんなものでしょうか。

　「いいよ！　あそぼうね！　じゃあ、（そのために）大急ぎで洗い物をしちゃうからね」と伝えます。子どもは「ジャ、積木ヲヤッテ待ッテル。キレイニ洗ッテネ！」と気持ちを切り換えて、ひとりであそびはじめるでしょう。「あなたの思いは伝わったよ」ということを伝えるだけで、自分は尊重されたと感じ、子どもは「今は何をすべきか」と気持ちを切り換える余裕を持つことができます。私は「２歳半をすぎたら、とにかく"わかった""いいよ"と言おう！」というスローガンをつくってみました。子どもの要求は「親といっしょに楽しいことをしたい」ということですから、親がうっとおしそうに「わかった」と言っても、伝わりません。「おかあさんもあそびたかったんだ！」というくらいの演技をして、楽しそうに伝えることがコツです。

　ダダコネをしているとき、親にはわが子がうっとおしく感じられます。逆に、子どもが気持ちを切り換えたときには、「わが子ながらなんとすがすがしい子なんだろう」と感じられます。親の精神衛生面から見ても、とても大きなちがいです。ちがいを生み出す重要な引き金のひとつが、「ダメ」と決めつけるか、「イイヨ」といったん子どもの思いをくむかということだと思います。

　ダダコネへの対応にとどまらず、子どもの思いを受けとめること

自我

はかかわりの基本です。寒そうな様子をしていたら、「寒い寒い、雪がふりそうだねえ」と子どもの気持ちを言語化したり、友だちとケンカをしてたたいてしまったときは、「おもちゃを取られたからイヤだったんだね」と気持ちを受けとめてから「でも、お友だちの顔を見てごらん、泣いてるよ」と叱る。さまざまな場面で気持ちを受けとめられることによって、子どもは精神的な安定感を得ることができるでしょう。その結果、3歳後半ごろから「ダダコネすることがカッコいいのではない。何をするのがよいかを考えて行動することがカッコいいんだ」と感じ、自分をコントロールする力を育てはじめます。親が一方的に叱ることによってではなく、子どもの思いをいったん受けとめることによって、子どもはワガママを卒業する道へと歩きはじめます。

「その子の物語」をともに紡ぐ

　これまで述べたことは、その場その場で子どもの気持ちを受けとめるということでした。しかし、幼くても子どもはひとりの人間です。ひとりの人間を受けとめるとは、その場の気持ちを受けとめることだけでよいのでしょうか。

　表象が豊かに育ち、心の中に時間が流れはじめた2歳児は、過去の思い出を語ることができるようになります。アルバムを見ながら「（家族旅行で行った旅先で）お山が高かったねえ」「〇〇ちゃんは大きな石に登ったねえ」などと会話をすることで、子どもは自分の過去を「自分の物語」として心の中によみがえらせ定着させます。親とともに会話をすることによって、「自分の物語」が紡がれはじめ

るのだと言えるでしょう。このころから、子どもは「自分の過去＝自分の物語」を理解してくれる人がいてくれる心強さを感じはじめます。

　思わず友だちをたたいてしまって親に叱られたとき、子どもの受けとめ方は、親とともに「自分の物語」を紡いできた経験があるかどうかによって異なることでしょう。自分を知ってくれていると感じている子どもは、「ボクは、きのうは散歩で疲れちゃったけど、抱っこの要求もしないで、がんばって歩いたよね？　おとといは、嫌いなものを食べるのがイヤだったけど、がんばって食べたよね？ おかあさんはそんなボクのことを知っていて、そのうえで今叱っているんだよね」と感じます。今は興奮しているのですぐに「ゴメンネ」は言えないけれど、理解されているという信頼感があるから、興奮が収まったあとでは「モウ、シナイ」と素直になることができます。「自分の物語」を紡いでいない子どもの場合はどうなるでしょうか。今叱られていることがすべてになります。すると、子どもは「よくも怒ったな！」と感情をさらに爆発させ、興奮を高め、すさんだ表情を見せることさえあります。

　「自分の物語」を親とともに紡ぎはじめる２歳児。子どもが心豊かなその後の「自分の物語」を、親とともに創り出していく出発点に立つ年齢でもあります。

7 1歳〜3歳 友だち

3歳までの友だち関係を どう考えるか

共感の楽しさとケンカ

友だちの発見

　自我が生まれる1歳半ごろ、友だちを理解することもはじまります。

　それ以前の時期も、まわりにいる子どもに対して特別な関心を向けていました。しかし、1歳半ごろから、友だちの見え方は格段にちがってきます。「友だちは自分と同じような存在だ」とわかる。そんな感じです。

　何よりも目につくのは、友だちと同じことをしてみたくなることです。

　保育園では、1歳児クラスから、次のような姿が日常的に見られます。ひとりの子どもが「ライオンワオー」と、四つばいで歩きはじめると、ほかの子どもたちも同じように四つばいで歩きはじめる。ひとりがすべり台に登って「オーイ！」と手をふると、ほかの子どもたちも我も我もと登り、鈴なりになって「オーイ！」と手をふる。

同じ動作でつながっていますが、そのつながりは表面的な動作の模倣にとどまっていません。同じ楽しさを感じていると察するので、友だちが楽しいから自分ももっと楽しい、という共感関係が生まれます。

1歳後半ごろから、子どもたちは同調と共感の時代を迎え、「友だちのいる世界」の扉を開きます。

自分と同じ存在である友だちは、自分のモニターのように感じられます。「友だちが楽しそうにやっていることは、自分にとってもきっと楽しい」と感じるので、友だちのあそびを自分のレパートリーにとり入れ、あそびがいっそう豊かになっていきます。苦手な食べ物も、友だちがおいしそうに食べていると、自分も食べてみようという気持ちになります。ですから、母子が二人きりでいるときよりも、母と子と友だちの三人でいるときのほうが、子どもとのかかわりはむしろ楽になります。

また、友だちのいる世界は、受け入れられる喜びと感謝する気持ちを経験させます。砂場であそんでいる友だちがちょっと脇によって「ココ、イイヨ」と場所をあけてくれた。それだけで感動します。友だちがおもちゃを貸してくれたとき、「貸シテクレタ！」と頬を紅潮させて感動を伝えに来てくれます。

ケンカが起こりやすい理由

こんなに楽しい友だちなのに、どうしてケンカが多いのでしょうか。

ひとつの理由は、やはり自我の誕生にあります。「自分を尊重し

てほしい」と強く感じている年齢では、自分の領域が侵されることに関してとても敏感です。「カシテ！」と頼まれてもたいてい「イヤ！」と答えるのは、自分の物が他者に渡ることは自分の領域が侵犯されたこと、と感じるからです。

さっきまで使っていたけれど今は飽きて手放しているスコップを、友だちがさわった。そのとき、目を三角にして走り戻って奪いとり、「○○チャンノ（わたしの）！」と怒ることもあります。今は使っていないけれど、さっきまでは私が使っていたのだから、スコップは私の領域なのだ。それに手を触れたあなたは許せない、というわけです。

ケンカが起こりやすいもうひとつの理由は、友だちの使っているおもちゃにかぎってほしくなるということです。

友だちは自分のモニターですから、「友だちが楽しく使っている物は自分にとってもきっと楽しい」と感じます。同じ物が別のところにあってもダメ、だれも使っていないのだから楽しくない物だと、子どもは感じます。だから、友だちが使っている物にかぎって奪うので、トラブルやケンカが発生します。

この時期のケンカは、それ以前とは質的にちがいます。1歳前半までは、かみつきやひっかきはめったにありませんでした。あくまでもおもちゃがほしいので、それをひっぱりあうというのがトラブルの形でした。友だちを理解したころから、「自分にとって痛いことは友だちにとっても痛い」とわかります。すると、いったんはおもちゃを手放してでも、かみついて相手を泣かせれば奪うことができるとわかります。こうして、ひっかく、かみつく、髪の毛をひっ

ぱるなどの相手の体に向けた攻撃が出はじめます。

ケンカにどう対処するか

　友だちとのケンカは親や保育者の頭痛の種です。困るのは、この年齢でも力関係がわかり、かみつく子とかみつかれる子が固定してしまうことです。しかも、容赦がありませんから、くっきりと歯形が残り、冷やしても数日間は消えないほど強くかみつきます。子どもの動きがあまりにも素早いので、おとなが止めようとしても間に合いません。

　かみつかれた子どもも痛いけれど、その子の親も切なくなります。しかし、かみつく子どもの親の苦悩も深いものです。何度言い聞かせてもかみつきが止まらない。「だれか、私の子どもをかんでください。そうすればこの子にもかみつかれる痛さがわかるから」と心の中で叫びたくなるときさえあります。

　おもちゃの貸し借りでトラブルが起きるときは、「カシテ」の言い方を変えるだけで解決する場合があります。「カシテ」は、相手の子どもには「あなたの領域に侵入するぞ」という意味に聞こえます。「尊重してほしい」と思っている時代に「侵入するぞ」と言われるのですから、防衛体制に入るしかありません。「あなたを尊重しているよ」というニュアンスを伝える頼み方をすると、事情がまったく変わります。たとえば、「もう少ししたら貸してね」「終わったら貸してね」という頼み方です。「もう少ししたら」「終わったら」という言葉に、「あなたを尊重しているよ」というニュアンスが込められています。言葉を理解できる2歳児はたいていは「ウ

ン」と言うでしょう。そして5秒くらいあとには「オワッタ！」と言って、貸してくれるものです。

　かみつきがあまりにもはげしい場合は、いったん、子どもたちを引き離しておくこともひとつの方法です。心の世界を広げるためには、公園であそぶ必要は必ずしもない、と第3章で書きました。時間を変えて同じ場所であそんでもかまいません。2歳半～3歳半ごろになれば理解力が成長し、かみつきやひっかきから卒業しはじめるので、そのあとで友だちとのあそびを楽しんでも決して遅くはありません。

友だちとの世界を豊かに

　扉が開かれた友だちとの世界を、おとなはどうサポートしていけばよいのでしょうか。

　友だちとの楽しさを感じる基本は同じ動作による共感です。だから、子どもたちに同じ経験や知識があると、楽しい関係が豊かに発展します。たとえば、絵本『ぞうくんのさんぽ』（福音館書店）をみんなで読んでもらったあと、散歩先でひとりが「どっぼーん」と転ぶまねをすると、ほかの子どもたちも「ア、アノコトネ！（ぞうくんが池で転んだ場面を再現しているのね）」と思いあたるので、次々に転ぶまねをして共感の世界が広がっていきます。「ボクも知ってる！」という共通の体験や知識が、友だちと共感できる幅を広げていきます。

　友だちに認められたり受け入れられたりする経験を保障することも大切です。お部屋を出て行く友だちに「行ってらっしゃーい」と

声をかける、帰ってきた友だちに「おかえりー」と言葉をかける。それだけで、声をかけられた子どもは「友だちに受け入れられた」と感動します。感動した子どもは、友だちに寛容になり、貸し借りもスムーズになります。

　共感の楽しさを保障することと、やりとりの気持ちよさを経験させること。このふたつが、1～3歳の友だち関係をサポートする大切な中味だと言えるでしょう。

　まだまだトラブルは多いけれども、お互いを尊重しあうこともわかりはじめ、共感いっぱいの楽しい世界が開かれる1歳後半から3歳の時期。子どもの心の中に「友だちとは伝えあえることができる」「友だちとゆずりあうこともできる」という人間観が産声をあげたときであるかもしれません。

友だち

> 8
> 3歳〜4歳
> かしこさ

言葉で考える力
のはじまり

判断主体への第一歩

言葉で考える力が生まれる

　幼稚園に入園する３〜４歳のころ、知的発達は新しい段階を迎えます。これまで、表象は言葉と結びつくことによって豊かになり、概念として成長してきました。しかし、それは「単語」としての言葉でした。３〜４歳になると、単語ではなく、文の形で言葉は子どもの理解を導きはじめます。文の形になったとき、「〜ならば……だ」「〜だけど……だ」という因果関係や法則性を、言葉は示します。因果関係や法則性を理解しはじめる３歳児。「言葉で考える力」が生まれはじめた、と言ってよいでしょう。

　入園当初のある３歳児は、おかあさんと離れるのが悲しくて、泣きやむことができませんでした。担任の先生が手一杯だったので、園長先生が抱っこして園を一回りしてきても泣きやみません。部屋に戻って、その子は担任の先生の膝に顔をうずめて、こう言ったそうです。

「泣いてもこん、泣かんでもこん」（おかあさんは、ボクが泣いても来ない、ボクが泣かなくても来ない）

園長先生に「泣いとると、おかあさん来ないよ」と言われたのかもしれません。彼は泣くのを必死でがまんしたのでしょう。でもやっぱりおかあさんは来ない。もう、どうしたらいいの？　どうにもならない気持ちがすごく伝わってきて、担任は思わず、ギュッと抱きしめたそうです。

「泣きやんだらおかあさんが迎えに来てくれる」とその場しのぎのことを言われるよりも、「おやつを食べたらおかあさんがお迎えに来るからね」と、具体的な見通しを与えてもらったほうが、「そのときまではがんばろう」と泣きやみやすかったかもしれません。

しかし、話題にしたいのは、「泣きやんだらおかあさんが迎えに来る」という、文による説明を３歳児が理解し、その言葉にしたがって、必死で努力したことです。一年前までならば、悲しいときはひたすら泣くし、怒ったときは場所をわきまえずかんしゃくを爆発させていました。しかし今、「〜ならば……だ」という言葉による説明を理解し、言葉による見通しにもとづいて、今の悲しさをがまんしようとしています。このような姿が、「言葉で考える力」です。

判断主体に育つ第一歩

　言葉で考える力は、生活のさまざまな場面で発揮されます。

　あそびの中でも、「先生が『男の子！』と言ったら男の子が逃げるんだよ。『スカート！』と言ったらスカートをはいている子が逃げるんだよ。先生がつかまえに行くからね」という言葉での説明を

かしこさ

理解して、ルールのあるあそびの第一歩が開始されます。一年前でも類似のあそびを楽しむことはできました。先生に追いかけられてキャッキャッと笑いながら逃げるあそびです。しかし、そのときは追いかける先生の姿が見えるから子どもたちは逃げたのであって、あらかじめ言葉で理解したとおりに動いたのではありません。言葉で約束したとおりに自覚的に動けるかどうかという点で、2歳と3〜4歳は決定的にちがいます。

　ただし、先生は鬼ごっこで3〜4歳児を本気でつかまえたりしてはいけません。つかまえられた子どもは「ギャ〜ッ！」と泣き、「○○チャンハ（足が）速クナッタノニ！　ツカマエタライカン！」と怒ります。勝敗の楽しさではなくて、あらかじめ言葉で約束したとおりに動ける楽しさが、3〜4歳児の鬼ごっこの楽しさです。

　生活の場面でも、「靴を脱いだら靴箱にしまってね」「着替えがすんだら遊戯室であそんでいいよ」という言葉を理解して、そのとおりにふるまおうとします。着替えをせずに遊技室に来たとき、先生に「あれ？　着替えはすんだかな？」と指摘されて、「ア、ソウダッタ」と思いかえして着替えに戻ることができるのも、あらかじめ言葉で説明されたことを理解して、そのとおりにふるまおうとするからです。

　ひとりで「お使い」に行くこともできるようになります。「あのコンビニに行って、プリンをひとつ買って、お金を渡すんだよ。おつりをもらって帰ってきてね」と、あらかじめ言葉で教えられたとおりに行動できるから、ひとりで買い物ができるわけです。もちろん、「はじめてのお使い」はこわいので、行き帰りは全速力で走り、

少しでも早く親のもとに戻ろうとしますけれど。

　言葉で指示されたとおりに動くことは、判断主体として自立しはじめたことを意味しています。なぜなら、最初はおとなに言われたとおりに動いたとしても、まもなく子どもは自分で自分に言葉で指示し、自覚的に動くようになるからです。

判断に点検が入らない未熟さ

　生まれたばかりの言葉で考える力は、弱点も持っています。十分に使いこなせないだけではなく、言葉で考えたことが事実と合っているかどうかについて、必ずしも点検しないということです。

　「子どもたちだけで遊戯室に行ってはいけませんよ。だって、あぶないからね」と言われた3歳児クラスの子どもたちは、みんな「ハーイ！」と返事をします。しかし、いつの間にかホールであそんでいます。先生がガラッと戸を開けると、「シマッタ」という表情をする子もいますが、「先生もやる？　おもしろいよー」とあっけらかんと言う子もいます。あっけらかんと言う子どもは、「子どもたちだけで遊戯室に行ってはいけない」という言語判断と、現在の自分たちの行動（事実）とを照合し、言葉と事実とが合っているいるかどうかの点検をしていないということです。

　三項関係が成立した0歳10ヵ月ごろから、子どもたちは表情でのやりとりを判断基準のよすがとして生きてきました。先生の言葉に「ハーイ」と答えるのは、先生の表情が「ハーイと言ってね」と子どもたちに語りかけたからです。表面的な言葉も一応わかるので形のうえでの「お約束」はできますが、その言葉が何を意味してい

るのか、深くは考えません。

　3〜4歳児は、「お友だちをたたいたら、ゴメンネと言うんだよ」「ゴメンネと言われたら、イイヨっていうんだよ」というルールも理解します。すると、奇妙なことが起こります。友だちのそばを通りがかった子どもが、理由もなく友だちの頭をゴツンとたたきました。とても痛そうにたたいたのですが、その子は「ゴメンネー！」と言って通り過ぎます。たたかれた子は、涙が出るくらい痛かったのに、頭をさすりながら「イイヨ」と返事をします。「ゴメンネと言ったけれど、本当に謝っているわけではない」という事実との照合が不十分なので、こんなやりとりもできてしまうわけです。

屁理屈の中に秘められている可能性

　事実と照合しないから、屁理屈もたくさん出ます。次にあげるのは、保育園からの帰り道、夕飯の材料を買おうとしてお店が休みだったことに気づいた私と息子（4歳2ヵ月）との会話です。

　私「ア、今日は水曜日、ダイエーはお休みだった！」ともお「ユニーニ、行ッタラ？」私「ユニーもお休みだよ」ともお「モットタクサン知ッテイタラ、ヨカッタネー。トモクンハ、ダイエート、ユニート、オオサカト、トウキョウシカ知ラナイシ。ソレカラ、バイオマント、シャイダーシカ知ラナイシ」しばらくして、ともお「ソウダ、近クノ市場ニ、行ッタライイヨ！」私「近くの市場って、共栄市場のこと？」ともお「ソーダヨ、キョーエーイチバハ、オヤスミシナイヨ。イツモアイテルヨ」私「共栄市場は日曜日がお休みだ

よ」ともお「ソリャーソーダワサ！　日曜日ハ、オミセモ、ホイクエンモ、ミンナヤスミダヨ。アイテイルノハ、オウチダケダヨ」

「ソリャーソーダワサ！」などの発言には、こういう会話ができるようになった自分への得意な気持ちがあふれています。しかし、「買い物をするために」という目的からどんどんずれていっています。「何言ってるの？　あなたは」と言いたくなるかもしれませんが、ちょっと待って下さい。会話がつづいているのは、「頭がまわっている」ということです。まわり方は論理的ではないけれども。そして、頭をまわすことができた原動力は「役に立ちたかった」という感情です。つまり、感動や感情が言葉を紡ぎ出し、その結果として頭をまわしていることがわかります。それは、目的を達成するために頭を使うことに向けた、第一歩ではないでしょうか。

　屁理屈いっぱいの3〜4歳児。だけど、屁理屈の中に、理屈に向けた原動力が秘められています。その原動力は、自分が役に立ちたいという思いだったり、すごいことを発見した驚きだったりと、いろいろな感情です。子どもたちに感動あふれる日々をプレゼントしたいと思います。そして、それを会話の中に持ち込むことによって、考える力がたくましく育ちはじめます。

9　3歳〜4歳　自我

3〜4歳児への
最高のプレゼント

心の核となる自分を信じる気持ちとまわりを信じる気持ち

反抗期の卒業

　1歳中ごろから3歳まで、子どもたちは「周囲の人が自分をひとりの人間として尊重してくれているか」ということに常にアンテナをはりめぐらせるハリネズミ状態でした。ちょっとでも「尊重されていない」「おとなが意のままに自分を動かそうとしている」と感じると、強情な「イヤ」を連発したり、はげしいダダコネをおこしたりして、3歳前後には反抗期をむかえました。

　3歳の中ごろから、子どもたちは反抗期を卒業しはじめます。

　「自分が尊重されているだろうか」というアンテナは、周囲の人が自分を認めてくれたときには、「尊重されちゃった！」と感じるアンテナでもあります。虐待などを受けていなければ、1歳から3歳の子どもは、「尊重されていない」ということよりも、「尊重された」ということのほうを、数十倍も多く経験します。パンツをはいただけでも、「すごい！　自分ではけるようになったね！」と賞賛

されるし、親と道を歩いているだけで、近所の人が「まあ、かわいい」とほめてくれるのですから。アンテナをはりめぐらせて生きてきたがゆえに、1歳から3歳までの2年間、子どもたちは「自分は尊重されている！」という経験を積み重ねてきたことになります。その結果、3歳後半ごろから、「ボクはみんなに尊重されている。まわりの人はみんな、ボクをすごいと思っている」というゆるぎない確信が生まれ、もはやアンテナをはりめぐらせる必要はなくなります。こうして、気むずかしさが消え、反抗期を卒業しはじめます。

　想像してみてください。「周囲の人はすべて自分をすごいと言ってくれる」と思いこむことのできた子どもの気持ちを。まるで自分が世界の主人公になったような、あふれる自信で満たされるのではないでしょうか。反抗期の終了とは、たんに反抗やダダコネがなくなったということではありません。周囲への信頼が生じ、子どもたちが自分自身への賞賛に疑いを持たず、天真爛漫の明るさを獲得するときです。

　3歳児クラスの給食のとき、ひとりの子どもがうどんを一本食べました。うどんのしっぽが口に入るとき、シュポンと音がしました。それだけでまわりの子どもはケラケラと笑います。笑われた子どもは、みんなが笑ってくれたので得意になって、「オマエも食ってみろ」と隣の子どもに指示します。「食ってみろ」と、やや乱暴な言い方をするのは、大きくなった自分を誇示したいから。隣の子がまねをしてシュポッと食べると、またみんなでゲラゲラ笑います。ささいなこと一つひとつがおもしろい。3歳後半から4歳代は、笑いが絶えない幸せな時代です。

自我

おとなへの「お手伝い」も、それまでとは様子がちがいます。おかあさんが掃除機をかけていると、１〜２歳児は「○○チャンガヤルノ！」と言って、掃除機を奪おうとします。おとなにも負けないくらい何でもできるようになったと感じている３〜４歳児は、そんなはしたないことは言いません。そのかわり「手伝ってあげる」「やってあげる」と、恩着せがましく掃除機を奪います。一人前になったと信じているので、「役に立てる自分」を示したい。恩着せがましい３〜４歳児です。ただ、本当に役に立ちたいと思っているかというと、あやしいものです。本当は自分もやってみたくなったのだけれど、３〜４歳児の誇りが恩着せがましい物言いをさせているのかもしれません。

　底抜けに明るい３〜４歳の時代を迎えられたとしたら、それは自分を信じる心が育ったということ。周囲の人を信じる気持ちが育ったということです。それまでの子育ては大成功です。

身のほど知らずの自信満々

　前章で述べた「点検する力の未熟さ」は、自分を見つめるときにもあてはまります。「手伝ってあげる」と言う３〜４歳児に仕事を頼んだらどうなるでしょうか。おかあさんが洗い物をしているとき「手伝ってあげる」とやってきて皿洗いをはじめるけれど、洗剤を全部使って台所は泡だらけ、でもお皿の汚れは落ちていない、台所のまわりは水びたし。手伝ってもらわないほうが、よっぽど家事がはかどります。なのに、３〜４歳児は「ヤッテアゲタ」と、「感謝しなさい」とでもいうようなことを言います。自分の成長に対して

も点検が入らないわけです。

　点検しないために得られる自信満々の姿。根拠がないのに胸をはって生きている姿。それはとても貴重なことです。なぜならば、胸をはるために根拠を求めたとき、人間は弱くなりますから。「ボクは足が速いからすごいでしょ？」と、根拠づけをして自信を持っている子どもがいたとしましょう。根拠が必要だということは、根拠が崩れたときには誇りも崩れることになります。これから先、生きていくなかで、自分よりも足の速い友だちに必ず出会うでしょう。そのとき、その子は自信をなくして、うつむいて生きるのでしょうか。

　人格の核には、「根拠はないけれどボクはすごい」「理由はないけどボクってまんざらでもないでしょ？」と感じる気持ちが必要です。3〜4歳児は、まさにその部分が大きくなっているときなのだと言えるでしょう。

　次にあげるのは、4歳のお誕生会の朝、おかあさんの自転車に乗せられて保育園へ出かけるときの子どもの言葉です。

おかあさん、
今、とりさん、なんていったかわかる？
りょうくん、4さいのおたんじょうびおめでとう！
っていったんだよ。
きこえた？
（近藤良くん、めばえ保育園こぐまぐみ『子どもたちの口頭詩』1994年）

小鳥が「お誕生日おめでとう！」と言うわけないでしょ、と訂正することもできますが、小鳥のさえずりさえも「大きくなっておめでとう」と聞こえてしまう子どもの心のすばらしさ。

　自分を信じる心や、周囲も自分のことをすごいと思ってくれていると感じて、まわりの人への信頼感が育つ。子どもの人生にとって、最高のプレゼントがここにあります。

入園直前のひっこみ思案について

　話題を３歳前後の反抗期のころに戻します。

　そのころ、すごくひっこみ思案な姿を見せることがあります。家では反抗期真っ盛りなのに、公園に連れて行くと、わが子だけはおかあさんのもとから離れようとしない。「砂場に行きなさい。みんな楽しそうでしょ？」と誘うほど、おかあさんの後ろにへばりつきます。親は情けない気持ちでいっぱいになってしまいます。

　家と外とで、なぜ子どもの姿がこうもちがうのでしょうか。

　２歳児は自分を尊重してほしいがゆえにワガママをいっぱい言いました。ワガママを言わなければいられない自分があります。しかし、３歳前後になると、自分がワガママであることも多少は理解しています。にもかかわらずワガママを言えるのは、ワガママを言っても親は自分を嫌いにならないという安心感があるからです。外出先では、自分のワガママを周囲の人が受容してくれるかどうかわかりません。友だちに拒否されるかもしれません。だから不安になって、動きがとれなくなってしまう。これがひっこみ思案のメカニズムです。ですから、自我がしっかり育っている子どもほど、内弁慶

になる傾向があるようです。

　みんなの中に入れないとき、親はイライラしてしまうもの。けれども、内弁慶はしっかりした育ちのあらわれであると見なして、ハレバレと自信満々にふるまう前夜の姿なのだと理解しましょう。外でも太陽のように明るくふるまうようになるまで、あとちょっとです。

自我

10 4歳〜5歳 かしこさ

確かめることで
確かな知識や技能が生まれる

ふりかえりはじめる4歳児

事実で点検する力が育ちはじめる

　3歳児クラスのころに言葉で考える力が育ちはじめたけれど、事実に合致しているかどうかを点検する力は、まだ未熟でした。点検の必要性に無頓着だったとも言えます。ですから、ほめられれば有頂天になることができました。

　4歳児クラスに進級すると、子どもたちはリアルな目で見つめ、自分の意見や行動と事実が合致しているかどうかを点検しはじめます。

　次にあげるのは、保育実習生の記録です。

　いっしょにおやつを食べているとき、Sちゃんが梨を指さしながら「これなあに？　りんご？」と聞いてきました。私「これはねー、りんごじゃなくて、梨だよー」、Sちゃん「りんごと何がちがうの？」私はちょっと悩みつつ「りんごの皮は赤いけど、梨の皮はき

いろいんだよ」、Sちゃん「ふーん、そっかー」と言いながら梨を食べる。Sちゃん「Sちゃんねー、梨好きだしねー、クッキーも好きなんだよー」とうれしそうに言う。私「そっかー。Sちゃんは全部好きなんだねー」、Sちゃん「うん……」といきなり無表情になってしまう。そのあと元気に梨とクッキーを完食する。私「Sちゃん、もう全部食べられたのー？」、Sちゃん「うん……」とまた元気がなくなる。牛乳のコップを持った。まだ一口も飲んでいない牛乳が残っていた。

「全部好きなんだねー」とほめられると「牛乳は嫌いなんだけど……」、「全部食べられたの？」と言われると「まだ牛乳を飲んでいないんだけど……」と、後ろめたさがわいてきてしまいます。以前の年齢でしたら、実際の自分はどうあれ、ほめられれば得意になることができました。しかし事実で点検する気持ちが生まれはじめたとき、ほめられてもうれしくない自分がいます。

確かな力の育ち

　点検する心の育ちは、たくさんのすばらしい成長をもたらします。点検することによってまちがいや勘ちがいに気づき、それを修正することで確かな知識や技能を身につけていくことができます。

　それぞれの子どもは関心を持つ分野がちがいますから、どの子も同じように知識や技能を育てるわけではありません。しかし、自分の好きなことについては４歳児クラスの終盤から５歳児クラスの間に、おとなも負けるくらいの知識や技能を身につけていきます。昆

虫の好きな子は、かぶと虫を見つけて昆虫図鑑と照らし合わせ、雄と雌の見分け方や飼育のしかたをくわしく説明できるようになるし、折り紙の好きな子どもは、「山折り」「谷折り」などと書かれたむずかしい折り紙の本を見て、だれにも教えられずに新しい折り方を身につけたりします。運動が得意な子は、4歳児クラスの最後のころには竹馬で500歩も1000歩も歩けるようになります。迷路を書くのが好きな子は細かい迷路を自分でつくったり、はみ出さないように自分の手の動きを点検しコントロールしながら迷路をたどることもできます。こうして、4歳児クラスの終わりごろから、「昆虫博士」「折り紙名人」「竹馬名人」などと言われる子どもが出てくるわけです。

繊細な心の時代

4〜5歳児はふりかえる力がまだ育ちはじめたばかり。点検しようとするけれど、どこに注目すればよいのかまだ十分にはわからないために、途方に暮れてしまうことが日常的にあります。折り紙を折っているとき、先生に「あ、○○ちゃん、そこちがうよ！」と言われただけで、手にしていた折り紙を背中に隠してしまう。「見せてごらん」と言われて見せることができず、そんな自分を「ダメな自分」と感じて自己発揮できなくなってしまう。ふりかえる心が芽ばえているけれど、どう判断したらよいのかわからないという矛盾が、4〜5歳児の非常に繊細なゆれる心をつくり出します。

いろいろな活動への参加を拒否する姿もふえてきます。今までであれば、折り紙を自分で折って「デキタ」（ほめて！）と親や保育

かしこさ

者に見せに来ました。4歳中ごろからは、様子がちがってきます。自分で折ろうとせず、「やって」とおとなに求めます。「上手に折れるようになったじゃない。自分でやってごらん」と説得しても、「できないもん」と拒否します。「自分で折ると上手にできない。だから先生にやってもらいたい。自分で折って、下手だとはずかしい」という気持ちがわくためです。しかたなくおとなが折ってあげると、「ありがとう」とお礼を言いますが、それほどうれしそうではなく、少したつと折り紙を置いてどこかにあそびに行ってしまいます。うれしくないのは、自分で折ったのではないから。「やってほしい、だけど、自分でやりたい4歳児」です。

　4歳児クラスの子どもに対しては、おとなのサポートが必要です。サポートというのは、全部おとながやってしまうのではなく、全部子どもにやらせるのでもなく、部分的に手伝ったりヒントを提供し

たりしながら、結果的には子どもが「自分でやった」と感じられるように支えることです。「ここを持っていてあげるから折ってごらん」とおとながサポートを入れ、「そうしてもらえれば、自分で上手にできるかもしれない」と子ども自身が感じたときに、意欲が爆発します。「自分でやれた！」という実績が何よりうれしい４～５歳児なのですから。

可能性を「力」に育てるために

　点検する力が育ちはじめたけれど、まだ十分に点検することができない苦しさは、別の面でも見られます。自分の意見とおとなの意見とがちがったとき、おとなの意見のほうが正しいのだと感じてしまうことです。

　クリスマス会で親がサンタクロースに扮装して子どもの前に登場したとします。保育者がサンタクロースに「何に乗ってきたのですか？」とインタビューして、サンタクロースが「空飛ぶソリに乗ってきました。さっき、窓の外を通ったんだけど、見えなかった？」と聞くと、４歳児クラスまでの子どもたちは、口をそろえて「見えた！」と答えます。「ボクには見えなかったなあ。だけど、先生が『見えた』と言うんだから、ボクが見落としていたんだろうな」と、４歳児クラスの子どもたちは考えます。事実で点検しているけれど、自分の判断に自信を持てないために、先生の意見を優先してしまうわけです。ですから、この年齢の子どもたちはおとなのいいなりになり、ある意味での「いい子」を演じることができます。しかし、それでは自分の頭で考えたことにならないし、かしこさを育てるこ

とにもつながらないでしょう。

　この時期に大切なのは、おとなが子どもを従わせるのではなくて、子どもといっしょに事実で確認していくことです。

　牛乳を飲むのが苦手な子が、がんばって牛乳を飲んだ、けれども飲みきれず、コップの底にまだ少し残っていたとします。子どもは努力したわけですから、「がんばったね」とおおざっぱにほめてもいいのですが、それが効果を発揮するのは３歳児クラスまでです。４歳児クラスの子どもたちは、「でも、まだ残っている」と後ろめたく感じて、ほめられたことが自信につながりません。「きのうはここまで残っていたけど、今日はここまでしか残っていないね」と、残された牛乳の高さを指して事実で確認すればどうでしょうか。子どもは「確かにそうだ」と感じ、自信に結びつきます。そして「今度はもう少しがんばろう」という意欲がわいてくるでしょう。

　その他の活動でも同じです。折り紙を折ったとき、「上手だね」とおおざっぱにほめるのではなくて、「あなたがつくった飛行機は、先っぽがとがっているからスピードが出そうだね」と、具体的なことに目を向けて、子どもといっしょに納得するような対応をすれば、「よし、今度は翼もピンと広げよう」と次への意欲につながります。

　点検する力が育ちはじめた４歳児クラスの子どもたち。それによってひらかれる可能性を現実の「力」として結実させるためには、事実を間にはさんで、おとなと子どもがいっしょに実績を確かめていくことがとても大切なのだと思います。

かしこさ

11　4歳～5歳　自我

おかあさんやおとうさんは
ボクのこと好き？

ほめることは本当に大切か？

ゆれ動く自我

ふりかえって点検する力は、自己評価にも発揮されます。次の子どものつぶやきを読んでみてください。

　　なまえをかえて　　　　　ふかぼりてつじ（4歳）
　てっちゃんのなまえ
　かえてやなあなあ
　ながいことつかって
　ふるくなったから
　かえてやなあなあ
　すみもとよしひろくんに
　かえてなあ

　　　　　（亀村五郎編『こどものひろば』福音館書店、1983年）

すみもとよしひろくんと自分とを比較したから、「なまえをかえて」という言葉が出たのでしょう。自分をふりかえる力が、4歳にして出現しています。よしひろくんは、きっと友だちからも「すごい」と思われている子どもなのだと推測されます。胸をはれるために、そういう実績が自分にもほしいのが4～5歳児です。

　3歳児クラスのころは、根拠もなく自信を持って天真爛漫に明るくふるまっていました。しかし、いつまでも独りよがりの自信満々では困ります。3歳児クラスのときに育った「根拠いらずの自信」を人格の核として、4歳児クラスからはそのまわりに、「実績に裏づけられた自信」を育てる時代に突入します。そして、実際、4歳児クラスの一年間の間に子どもたちは実績を手に入れていきます。

　他方、「自分はすごいのだろうか」「まわりの人は自分のことを認めてくれるだろうか」と点検してしまうために、4歳児クラスの子どもたちはときに思いつめた表情を見せることがあります。

　点検がはじまるけれど、点検するための着目点がわからないために不安になる。繊細なゆれる心は、自己評価に関してもあてはまります。

おかあさんやおとうさんはボクのことを好きだろうか？

　子どもにとって、もっとも大切な人はおかあさん、おとうさんです。ですから、両親が自分をどう見ているのかに意識を向け、両親に好かれるように努力することもはじまります。

　私には苦い経験があります。

　親の子どもを見る目は、いつも同じではありません。子どものい

自我

いところがたくさん見えて「わが子ながらなんてステキな子だろう」と思うときもあれば、子どもの悪いところばかりが目について「なんて情けない子なの？」と落ち込んでしまうときもあります。「ステキな子」と思っているときには笑顔で子どもに接するのですが、「情けない」と感じているときには、子どものちょっとしたミスにも腹が立ったり、叱り方がきつくなったりします。山と谷の波をくりかえしながら親と子はつきあっていくのかもしれません。

　長男が小学５年生のころ、私は谷のときになってしまいました。ちょっとしたミスで、はげしく息子を叱ることがつづきました。「そこまできつく叱らなくても……」と思うのですが、自分で自分を止めることができません。

　叱られている間、息子は緊張して直立不動の姿勢をとり、私の顔をじっと見つめていました。「ごめんなさい」と反省の言葉がでないのは、恐怖で声が出ないからでしょう。不思議だったのは、涙を見せないことでした。私は「これだけひどいことを言われても泣かないのは、この子の感受性が乏しいのではないか」と考え、「だったら、泣くまで叱らなければ」と、叱り方をさらにエスカレートさせてしまいました。

　息子が高校３年生になったとき、思い切ってたずねてみました。「トモくんが５年生のころ、おとうさんはすごくきつく叱っていたよね。覚えてる？」と聞くと「ウン」。「あのとき、トモくんは一回も泣かなかったよね。それも覚えてる？」「ウン」。

　そこで、私はその理由をたずねました。すると、彼はこう言ったのです。

「だって、ボクが保育園のころ、おとうさんは泣く子は嫌いだって言ったじゃないか」

息子の記憶に残っているのですから、4歳か5歳のころの話だと思います。私が「この子は感受性が乏しいのではないか」とひどい誤解をして叱り方をエスカレートさせていた最中にも、息子は「泣いたらおとうさんに嫌われる」と必死で涙をこらえていたのでした。

両親に好かれたい気持ちは、本来は好かれる自分になろうとする「自分を育てる力」です。「お外で元気に遊ぶ○○ちゃんが大好き」と親が言えば、子どもはますます元気に遊ぶでしょう。同じ力が、子どもをしばる力になってしまうこともありえるわけです。

親の愛情を感じて、子どもの心が安定するために

親と子の人間関係もふりかえるけれど、4～5歳児は親の気持ちを的確に理解することができません。毎月遊園地に連れて行ったとしても、それを愛情だとは感じず、「おかあさんもこの遊園地が好きなんだ」と誤解するだけかもしれませんから。理解できないけれど、好かれるために努力する。そこに、4～5歳児の苦しさがあります。

この年齢で、親の気持ちを子どもが理解するための手がかりは、少なくともふたつあります。ひとつは、はっきりと言われた言葉です。「おかあさんは、あなたが大好き」と言えば、必ず伝わります。もう一つは親の表情です。親が笑顔を子どもに向ければ、子どもは自分のことが好きだからだ、と感じます。

言葉のほうは、使い方に注意したいと思います。ほめると、子ど

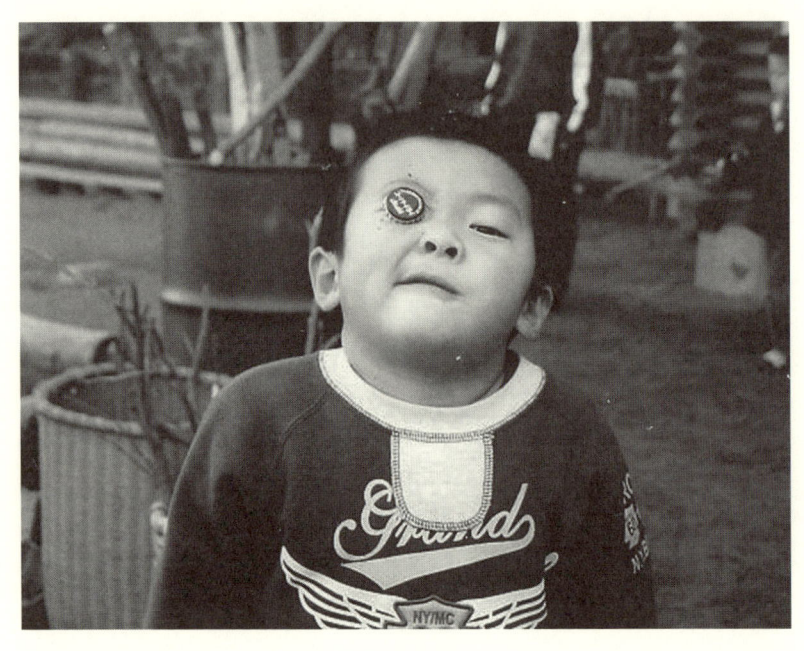

もは親に好かれたいために一生懸命努力するでしょう。それは先に述べたように「自分を育てる力」なので、決して悪いことではありませんが、何かをやりたいからするのではなくて、親に気に入られたいからする、ということになってしまうと、結果的にはマイナスです。私たちは、自分のやりたいことをこらえて、親にほめられようとする子どもに育てたいわけでありませんから。

　笑顔は有効なメッセージです。笑顔を向けられた子どもは、自分のあり方に安心感と自信を持つことができます。大胆な言い方を許してもらえるならば、「子どもは愛されるために、笑われるようにできている」と言えるかもしれません。頭が大きくて足が短い赤ちゃんは、それだけでおとなの笑顔を誘います。口がまわらない子どもの発音に対しても、おとなは思わず吹き出してしまいます。

先に述べた長男への対応を反省した私は、次男のときは「子どものおもしろさ」を心おきなく笑うことに決めました。

　次男の口がまわらないとき、ゲラゲラと笑います。笑われた次男は「受けた」と思ったのでしょうか、うれしそうな、まんざらでもない顔をします。ところがある日、次男の発音が正確になってしまいました。私は「あ、笑えない」と思ったのですが、次男も、「シマッタ！」という表情をして、あわててむかしの発音をしようとしました。けれど、悲しいことに、一度まわってしまった口は、もとに戻りませんでした。

　「子どもは笑われることに安心と喜びを感じる」という趣旨で、私は次男のエピソードを『３歳から６歳』という本でとりあげました。本ができあがったとき、「オマエのことを書かせてもらったから」と彼に渡しました。中学３年生になっていた彼は、真剣に読んだようです。そして、夜中の11時ごろ、私のところに来てこう言いました。「ここに書かれているオレのエピソードなあ、解釈まちがっていないぞ」。彼も、口がまわって「シマッタ！」と思ったときのことを覚えていたのでした。

　今日、親と子の生活はますます大変になり、疲労がたまり、親の表情は険しくなりがちです。だからこそ、子どもから笑いをもらいましょう。子どもにもらった笑いは、心の栄養として子どもに戻っていくのですから。

自我

12　5歳〜6歳　かしこさ

活用されはじめた「考える力」

さまざまに思いをめぐらせて自ら解決策を見つけ出す

言葉で考える力がかしこさになるために

　かしこさとは、自分のまわりに起こったできごとに対して、自分の判断で解決策を見つけ出していくことです。3歳すぎから「〜ならば……だ」と、言葉で考える力が育ってきました。しかし、ひとつの判断をひとつのできごとにあてはめるだけでは、たいていの場合は問題解決に至りません。

　5歳児クラスの春、ある女児は、みんなで絵を描いているときに、担任の先生から「描き終わるまで、席を立たないでね」と言われました。彼女は先生の言いつけを守ろうとしたのですが、オシッコがしたくなりました。先生に断ってトイレに行けばよいのですが、「描き終わらないならば、席を立ってはいけない」という「言葉で考える力」が育っていたために、トイレに行くことができず、結果的に保育室でおもらしをしてしまいました。5歳児がおもらしをするのはとてもはずかしいこと。彼女はそのできごとを、おとなにな

るまで、自分の汚点として忘れることができなかったそうです。
　「描き終わらないならば、席を立たない」という判断と、「オシッコをしたくなったならば、トイレに行く」という判断とを組み合わせて、どちらを優先すべきか、どうすれば両立できるのかを考える応用力が必要とされたわけです。しかし、5歳児でさえ、はじめのころは、そのような応用力が十分ではないことがわかります。
　応用力を育てる導きの糸は、子ども自身の経験です。
　すぐに手が出るのでみんなからこわがられているAちゃんという子どもがいました。友だちは「Aちゃんはこわい子」と考えているので、いっしょにあそぼうとしません。しかしAちゃんとともに生活する時間がふえるにつれて、Aちゃんが3歳児や2歳児にやさしく接している場面を目撃することになりました。すると、「Aちゃんはお友だちをぶつことが多いから、こわい子だ。けれど、小さい子にやさしくするから、やさしいときもある」と、二つの判断が結びつきます。その結果、Aちゃんへのこわさが緩和され、子どもたちはAちゃんとあそぶことができるようになりました。いっしょにあそぶことによって、Aちゃんの乱暴にはじつは理由があったんだということや、本当はおもしろいあそびを思いつく子だということにも気づいていきました。
　直面している事態にさまざまな判断をあてはめ、それらを組み合わせて何らかの結論を導くことができたとき、知的な力は、生きる力として子どもたちを導きはじめます。今までこわいと思っていたAちゃんとあそぶことができるようになったのは、ゆとりと自由を拡大したことでもあります。さらに、「Aちゃんはこわいけれど、

かしこさ

やさしいこともある」という認識は、多面的に考える力が育ったことでもあります。

　ブロックであそぶとき、3歳児クラスの子どもたちはしばしば奪いあいをしてケンカになります。4歳児クラスでは、友だちに背を向けて壁に向かってあそぶ姿が見られます。友だちに奪われないように、という防衛的な姿なのでしょう。5歳児クラスになると、子どもたちは再び、みんなの中で堂々とブロックであそぶことができるようになります。友だちに取られそうになったときにはどうしたらよいのかと考えることができる。だから、友だちの中でもゆとりを持ってあそべるわけです。

　5歳児クラスの中ごろから、子どもの考える力はかしこく生きる力となっていきます。複数の判断を結びつける力や多面的に考える力が育ち、子どもにゆとりと自由をもたらしていきます。

おとなの考え、自分の考え

　4歳児クラスの子どもは、自分の考えとおとなの考えとが食いちがったとき、おとなの考えを優先する傾向がありました。5歳児ク

ラスになると、この弱点も乗り越えていきます。なぜならば、おとなが何と言おうと、自分が事実で判断したことは正しいと思えるからです。

クリスマス会で親がサンタクロースに扮した場面をもう一度とりあげましょう。

サンタが「ソリに乗って窓の外を通ったんだよ。見えなかった？」とたずねると、4歳児クラスの子どもたちは「自分には見えなかったけれど、おとなである先生が『見えた』と言うのだから、自分が見落としたのだろう」と考えてくれました。

5歳児クラスでは展開はまったくちがってきます。サンタクロースが登場した瞬間、「だれのおとうさん？」と質問に来ます。サンタが「私はおとうさんではありません。サンタです」と言うと、「じゃあ、どうして日本語を話しているの？」「わかった、○○くんのおとうさんだ」「○○くんのおとうさんじゃないって言うのなら、○○くんのおとうさんを連れてきて！ ほら、いないでしょ」と、サンタの正体を暴こうとします。「日本語をしゃべっているからサンタではない」「○○ちゃんのおとうさんがいないから、○○くんのおとうさんにちがいない」というように、複数の判断を事実にもとづいて結びつけて結論を導きます。「ああ言えばこう言う5歳児」なので生意気なときでもありますが、それは思いをめぐらせ、知的な力が発揮されていることでもあります。

そしてこのころは、「○○くんのおとうさんだと思うけど、僕たちのために来てくれたんだから、サンタさんに感謝しよう」というように、奥の深いやさしさが発揮されはじめるときでもあります。

かしこさ

思いをめぐらせる力を育てるために

「運動会の種目が竹馬になった。ボクにはできそうもない」と感じて、ひるんで参加しなくなってしまうならば、4歳児クラスのときと同じです。5歳児クラスの子どもたちは、「できないかもしれない。だけど、4歳児クラスのとき、縄とびができないと思っていたけど、一生懸命練習したらできるようになった。だから竹馬だって、練習すればきっとできるようになるだろう」と考えて、前向きにチャレンジするようになります。「どうすればよいのか」を考えるために、複数の判断を結びつける接着剤の役割を果たしてくれるのは、それまでの経験です。

しかし、経験しさえすれば、その経験が今に生かされるのかというと、必ずしもそうとは言えません。過去の経験が呼び起こされ活用されるか、思い出されないまま埋もれてしまうのかというちがいがありそうです。

「今度の家族旅行には、どこに行きたい？」とたずねたとき、子どもが「わからない」と答えて会話が終わってしまうことがあります。おとなは「自分の意見を言えるようになることこそ考えるということだ」と思うので、すぐに意見を求めがちです。しかし、軽い質問であっても、意見を求められたときには人間は緊張します。「わからない」と答えるのは、軽い緊張が生じて、子どもの思考が止まってしまった姿だと言えるでしょう。いきなり意見を求めるのではなく、過去の思い出をよみがえらせるように言葉をかけるなら

ば、子どもの思いがめぐりはじめます。

 親　　「去年の家族旅行はどこに行ったっけ？」
 子ども「〇〇山に行った」
 親　　「そうだったね。△△ちゃんは、一番てっぺんまでのぼっ
 　　　　たよね」
 子ども「あのね、すっごく疲れたけどね、おもしろかった」
 親　　「そうか、じゃあ、今年はどこに旅行に行こうかな？」
 子ども「こんどは海に行きたい」……

　このように、過去を呼び起こす会話をしたときに子どもの思考力はめぐりはじめ、その結果として意見を言えるようになるでしょう。

　あとで活用されるように経験を自覚的に記憶するためにも、やはり言葉が必要です。山の頂上まで登ったあとで、親「△△ちゃん、すごかったねえ。おとうさんよりも早く登っちゃったもんね」、子ども「だって、おとうさん、すっごく遅い」というように、経験の直後に簡単な会話で感想を述べあうならば、会話によって経験が自覚化されるので、あとで引き起こされやすい記憶として、子どもの心の中にしまわれるでしょう。

　忙しい日常生活。指示する言葉が多くなりがちです。夕飯のときやお風呂に入っているときなど、子どもといっしょの時間をとれるときには、思い出話や感想を語りあうとよいと思います。そうすることによって、言葉で考える力は思いをめぐらせる力となり、かしこさとして育っていくのではないでしょうか。

かしこさ

13　5歳〜6歳　自我

ひとりの人間として
信頼できる存在に育つ

子どもの中に生まれる価値観という大切なもの

ゆとりある自我

「私はステキでしょ？」「オレって、まんざらでもないだろ？」と自分でも思い、他者にも思われていたい気持ちは、自我が誕生した1歳半前後から、育ちの基本にありました。しかし、そのためにどうふるまうのかは、年齢に応じて変化してきました。

3歳までの自我は、「自分を尊重してほしい！」という気持ちが前に出ていたため「強情」「ワガママ」「反抗」という姿をとりました。3歳児クラスになると、自分を信じるがゆえに天真爛漫で明るく笑いの絶えない姿となりました。4歳児クラスでは、自分をふりかえるけれどふりかえり方が未熟であるために、おとなに「いい子」と思われたいから無理な努力をしたり、ダメな自分を感じて思いつめた表情をすることもありました。

では、自分で判断する力が育ち、事実で確かめて考えられるようになった5歳児クラスの子どもは、どのような自我を持っているの

でしょうか。ゆとりある自我。一言で言えば、そうなると思います。

　運動が苦手なAくんは、4歳児クラスのときは、鬼ごっこやドッジボールのまねごとなどの運動あそびには、絶対に参加しませんでした。みんなであそぶのが嫌いなのではなくて、鬼ごっこをしたらすぐにつかまってしまう、ドッジボールをしても負けてしまうと感じるからです。4歳児クラスのころは、まちがえられてつかまえられることがないように、わざわざ先生のところにやってきて、「Aちゃんは、やってないからね」と念を押すほどでした。

　5歳児クラスの後半から、姿が変わってきました。自分は運動は苦手だけど絵は好きだ、ピカピカの泥団子もつくったことがある。実績に裏づけられて、自分を認める気持ちが育ってきたようです。

　12月のある日、Aくんがドッジボールにはじめて参加しました。そのときの言葉がステキです。

　「ぼくとか、女の子はさ、あたらないように逃げるっていうのはどう?」

でした。

　自分が苦手であることを素直に受け入れ、そして、それが卑屈さになっていません。素直に自分の弱点も認めることによって、Aくんは逆にゆとりを持ち、自由になっています。

　子どもたちはたくさんのステキな個性を持っています。得意なことも苦手なこともある。それらを引き受けて、そのうえで自分を認めることができる。5歳児クラス終盤の自我は、そこまで育っています。

自分を装う可能性

　「自分をよく思われたい」という当然の願いが、まったく別のあらわれ方をすることもあります。他者をあざむくことによって、自分をよく見せかけることができるようにもなってしまうことです。

　こんなことがありました。とても悪いイタズラをしたので、担任の先生がBくんを叱りました。それほどきつく叱ったわけではないのに、Bくんは「ごめんなさい。もうしません」と、ひきつけを起こすのではないかと心配になるほどはげしく泣き出してしまいました。驚いた先生は「そんなに泣かなくてもいいよ。わかったらいいからね」と許してその場を去りました。その直後、たまたま通りかかった別の先生が目撃したのですが、Bくんはケロッと泣きやんで、隣の友だちに「なっ。泣けばいいだろ（泣けば叱られないだろ？）」と言ったそうです。

　はげしく泣いて反省したのは演技だったわけです。演技をしておとなをだまし、自分を認めさせるように仕向ける力さえも身につけ

てしまうのが5歳後半〜6歳の姿です。このような姿を、「かしこい」と言うこともできるでしょう。しかし、私たちが子どもに願うのは、こういうかしこさではありません。

　別の園では、こんなこともありました。子どもたちに生活のルールを身につけさせるために、5歳児クラスを担当するA保育者は、次のような叱り方を原則としていました。

　「5歳児は叱ると言い訳をするから、言い訳をしそうなことを先にとりあげて、言い訳は通用しないことをあらかじめ話します。言い訳の出口を全部ふさいだあとで『どうしておまえはこんなことをしたんだ』と叱れば、子どもは二度と悪いことをしなくなります」

　クラスの子どもたちは、確かに生活のルールを破ることはなくなりました。しかし、卒園が近づいたある日、園庭の隅で三人の男の子がこんな会話をしていました。

　　B男「オレ、卒園するまでに、どうしてもやりたいことがある」
　　C男「なに？」
　　B男「一回でいいから、A先生をぶんなぐりたい！」
　　D男「おれも！」
　　C男「だけど、A先生は強いぞ」
　　三人「……」

　先生の前では「生活のルールを破らない」というよい子を演じています。しかし、子どもの心の中には、「先生は憎らしい」という気持ちが育ってしまいました。この三人も、先生の前では演技をし

ていたことになります。

　自分で考える力がついて、判断主体として自立しはじめる5歳後半～6歳の子どもたち。考える力が育ったかどうかを見るだけでは足りません。育ってきた判断力を用いて、子どもたちは何を良しとして、何を悪いと思うのか。それを見ていかなければならないのではないでしょうか。

価値観が育つ

　ある保育園の5歳児クラスでのことです。
　そのクラスは、いわゆる「学級崩壊」状態に陥っていました。大変な子どものひとりに、かっちゃんがいました。給食の時間に、かっちゃんは鉛筆削りの削りカスを保育室の床にばらまいて、その上にオシッコをしてまわるという事件を起こしたことがあります。保育者は精神的に追いつめられながらも、クラスづくりに懸命に努力をしていきました。
　その結果、2月ごろになると、クラスが落ち着きはじめ、共同活動をすることもできるようになりました。かっちゃんも、見ちがえるようにみんなの中で過ごす時間がふえ、ピカピカの笑顔も見られるようになりました。
　それを見た保育者が、「かっちゃんよかった……」とつぶやいたときのことです。そばにいた、けんじくんやのんちゃんが「なんのこと？」と質問しました。保育者は「しまった」と思ったことでしょう。本当のことを説明するならば、「今までかっちゃんは困った子だった」と言わなければなりませんから。保育者が口ごもってい

ると、ふたりは「ああ、かっちゃんのことね」とニコリと笑いました。そして、りかちゃんは「私もう、かっちゃんのこと好きだよ」と言います。

　4歳児クラスのころ、「先生がいい子というのだから、○○ちゃんはいい子なんだ」と思いがちでした。しかし、このエピソードはちがいます。先生が何も言わないのに、子どもたちが自分の頭で考え、かっちゃんの変化を喜んでいます。ステキなことはステキだと思える、嫌なことは嫌だと思える。そんな感性が育っています。けんじくんやのんちゃん、りかちゃんには、人間としてあなたたちは信頼できるね、という成長を感じました。

　このような姿が、幼児期を卒業しようとするころの子どもの姿です。

　6歳を迎えた美恵子ちゃんが、テレビを見て、突然大声で泣きはじめたことがあります。アニメ「フランダースの犬」のラストに感動して泣いたのでした。主人公ネロの美しい心と、その心が報われなかった悲しさに号泣していたのです。何かができるからかっこいいという即物的な判断を越え、人としてのすばらしさや美しさを感じとる力を、「価値観」という言葉で示したいと思います。6歳児は価値観を育てはじめ、誇りある自分でありたいと思いはじめます。「人間としてのすばらしさ」の中味はこれからの長い道のりで知っていくでしょうが、その扉に手をかけるところまで育っています。

自我

14 4歳〜6歳 友だち

「友だちづくり」を見守る

人の心の機微に気づく

人間関係に目が向きはじめる

　3歳児クラスの後半から、友だち関係が質的に変化します。それは、子どもが友だちとの関係自体を意識し、自分で関係を調整しようと努力をはじめることです。人間関係を理解できるので「結婚」などの話題が出るのもこのころからです。次の子どものつぶやきを見て下さい。まじめに「結婚話」をしていて、おとなを笑わせてくれます。

　　ほんとにいいのか　　　　いさじ　ごう（5歳）
　　なあけん
　　おまえほんとうに
　　あーちゃんと
　　けっこんしてもいいのか？
　　ようちえんやがっこうへいって

もっといいひとがあったら
どうする？
おれはまだきめないやあ

（亀村五郎『こどものひろば』福音館書店、1983年）

吉村真理子さんも、3歳児クラスのエピソードを紹介しています。

「かわいい女の子の隣の席を争って破れたサトシくんは、お父さんに慰められたとみえ、ある日、こう言ったものである。『ボクドノコダッテイイヤ、オトウサンガネオンナハミンナオンナジダッテ』」

（吉村真理子『3歳児の保育手帳』あゆみ出版、1980年）

もちろん、結婚話は人間関係を理解しはじめたころの一部分のできごとです。子どもたちは、友だち関係を自覚するがゆえに、なかよしになろうとするけなげな努力をはじめます。しかし、どうすればなかよしになれるのか、まだ十分には理解できていません。そのために、苦しさを感じてしまうことがあります。

友だちづくりのさまざまな努力

3歳児クラスの後半、Bちゃんを好きになったAちゃんが、Bちゃんを追いかけるようにつきまといはじめました。Bちゃんが絵本を見ていると、隣から絵本をのぞき込みます。絵本を見たいのではなく、Bちゃんといっしょのことがしたいのです。Bちゃんにはそ

の気持ちが伝わりません。Bちゃんは、うんざりしたように絵本をAちゃんに渡して別の絵本を読みはじめるのですが、Aちゃんはもらった絵本を投げ出して、またBちゃんの絵本をのぞき込みます。「すれちがいの友情」なのですが、Bちゃんは負担に感じて、「幼稚園に行きたくない」と親に訴えるようになってしまいました。

友だちづくりの努力が本格化するのは、4歳児クラスのころです。典型的なのは、園におもちゃを持っていくことです。おもちゃを持っていけばまわりの子が寄ってきてくれる。それがうれしくて、先生には禁止されているのに、親も目を光らせているのに、巧みに隠して小さなおもちゃを園に持ち込んだりします。

4歳児クラスの子どもたちは、息づまるような緊張感を感じさせることもあります。

三人のなかよしが砂場であそんでいました。四人目の子が「入れて」とやってくると、三人はいっせいに「ダメーッ!」と拒否し、そのあとでお互いに顔を見あわせて、「ダメだよねー」と確認しあいました。あえて四人目を拒否することによって、自分たちの絆を確認したわけです。

友だちになることは相手のいうことを聞くことだと勘ちがいして、「子分」のようにふるまう子どももいます。その結果、上下関係がつくられやすくなるのもこのころです。

仲間入りを拒否されたり、子分のようにふるまっているのを見ると、親はいてもたってもいられません。しかし、いちばんつらいのは子ども自身です。本当は「子分」にはなりたくない。「親分」が休んだときの「子分」のいきいきとした姿を見れば、その気持ちを

理解することができます。「子分」になるのは嫌なのだけれど、なかよしでいたいから懸命に努力しているわけです。もちろん、タテ関係や、特定の子がかたまって他児を排除することが強すぎる場合は、保育者や親が仲裁に入る必要があります。けれども、そのようなあつれきがまったくなかったら、子どもは人間関係を学ぶ機会を失ってしまうでしょう。

　5歳児クラスの中ごろから人間関係は変化しはじめます。それぞれの子どもが自分の判断を持ちはじめ、言葉も成長してきますから、「いつも〇〇ちゃんばっかりでずるい」という異議申し立てがはじまります。人間関係もひとつの事実として認識できるようになるので、「確かにそうだな」と考え、譲ったり譲られたりする新しい友だち関係や協力関係が再構築されていきます。

人の気持ちがわかるという大切な心が育つ

　4歳の後半から、人の気持ちを理解するという貴重な経験も得はじめます。4歳児クラスで鬼ごっこをしました。時間がないので、今日は3回だけです。鬼決めはジャンケンで行います。Aちゃんは鬼になりたくてたまりませんでしたが、3回ともジャンケンで負けて、とうとう泣き出してしまいました。すると、友だちが集まってきました。先生が「Aちゃんはね、鬼になりたかったけど、ジャンケンで負けちゃったから悲しくなっちゃったんだよ」と説明すると、Bくんは「オレにもそういうときがあった……」と、ぽつりと言いました。ふりかえりはじめる4歳児は自分の経験を自覚できるので、自分の過去の経験に照らし合わせて、Aくんの気持ちを理解したわ

けです。Cくんが「オレにもあった。だけど、泣くほどじゃなかったな……」と言います。Aくんは泣いている。ということは、あのときのオレよりも、今のAくんのほうがもっと悲しいのかもしれないという洞察が成立します。それを聞いてジャンケンに勝っていたD子ちゃんは「私、かわってあげてもイイヨ」と鬼を譲ったのでした。

　一つひとつの体験が子どもの心に残っており、自分の心に友だちの今の姿を映し出すことによって、友だちの気持ちを理解することができる。そんな貴重な経験を、友だちとのあそびの中で積み重ねていきます。大切なのは、楽しいあそびを友だちといっしょに行っていること、友だちの気持ちを代弁して伝えてくれるおとながいることのふたつでしょう。人の気持ちを理解していくプロセスでも、4歳児クラスではおとなのサポートが不可欠です。

　5歳児クラスの終盤には、気持ちの機微さえ理解できるようになります。

　息子のトモオが5歳児クラスのとき、友だちの家に泊まりに行くことが流行しました。年度もおしつまった2月ごろ、家へ三人の友だちが泊まりに来ました。園ではあまりいっしょにあそんでいない功くんも、この日は参加しました。しかし、功くんはみんなと同じようにあそんでいません。トランプで神経衰弱をしていたのですが、ほかの三人は「まちがえたカードを拾ったときにどうおどけるか」というパフォーマンスを次々に提案して盛り上がっていました。「ねえねえ、今度はこうしたらどう？『アホや、アホや、アホや〜』って、自分の頭をぶつの」「それがいい〜」と提案して、ゲラ

ゲラ笑いあっています。

　功くんだけ、そのおもしろさがわからないようでした。けれども、自分だけ提案しないわけにはいきません。功くんは「今度はこうしたら？」と、落ちていたホイッスルを拾ってピーッと吹きました。ほかの三人は「なーんだ、ちっともおもしろくない」と白けてしまうのです。

　私は、夕飯のとき、功くん中心の話題で盛り上げようと考えました。「いただきます」をしたあと、私は、「功くんのなかよしのお友だちはだれだっけ？」と話を向けました。親友に恵太郎くんがいて、ふたりで剣道ごっこをやっているのを知っていたからです。すると、功くんよりも先にやっちゃんが「ボクね、この中にひとりだけ好きじゃない人がいる」と割って入ってきました。それを言わせてしまっては功くんはもっとさびしくなってしまうでしょう。私はあわてて、「わかった、やっちゃんが好きじゃない人はやっちゃんだろう！」と話題をかえしました。やっちゃんはハッとした表情をし、「わかった！」と私に目で合図を送ってきました。そして、「そうなの。エヘヘ」と答えたのです。

　個人差はあるでしょうが、５歳児クラスの終盤になると、子どもたちはここまで人の心の機微に気づくようになります。

　人の気持ちを理解できるということは、本当の意味での「やさしさ」、相手の立場に立ったやさしさを発揮できるということでもあります。３歳児クラスから５歳児クラスまで、子どもたちはさまざまな葛藤を経験しながらも、友だちとのつながりを求め、「人の気持ちを理解する力」を育てていきます。

友だち

15 小学校低学年

「リアル」と「ファンタジー」が同居する時代
自分の未来に羽ばたく想像力とあこがれ

リアルな世界への入り口

　小学校への入学で大きく変化するのは、教科教育＝勉強がはじまることです。勉強には正解がありますから、あいまいさなく判断されます。小学生はリアルな世界に住みはじめると言えるでしょう。
　生活面においても同様です。翌日の時間割や持ち物などは、学校で指示されたことを責任を持って理解し、自分で準備しなければなりません。親が手を貸してくれた幼児期とはちがい、生活面でもリアルな判断力が求められます。
　ただし、低学年は、順を追って考えることはできるけれども、逆算は苦手です。「朝は忙しいから、今日のうちに準備しておこう」と、将来を起点として今を考えることが苦手だということです。そのため、「昨日のうちに準備をしておけば忘れ物をしないのに、どうして朝になってからやるの?!」と叱られやすい年齢でもあります。低学年のうちは逆算がまだ苦手である、ということを意識しておか

ないと、「わかっているのにやらない。どうして?!」「何度同じことを言わせるの？」と、親のイライラが爆発してしまいます。

このような弱点を抱えながらも、勉強と生活の両面で、小学生は幼児期とは比較にならないくらい、リアルな現実と格闘することになります。

しかし、低学年はリアルな世界にだけ住んでいるのでしょうか？

自分の未来に羽ばたく想像力

次にあげるのは、与田剛さんが執筆された文章「子供が夢を語るとき聞く耳を」の概略です。（2005年7月28日付「中日スポーツ」）

大リーグのヤンキースの内野手であるジータ選手がもっとも尊敬するのは両親。なぜならば、こんな思い出があるから。

8歳の時のある夜のこと。

ジータ少年は、深夜になって両親の寝室を訪ねました。

「ボク、大リーグの選手になるよ」。子ども心にそう思ったら、いてもたってもいられなくなったのでしょう。ジータの両親は、息子と向きあい、その夢がどれだけむずかしく困難なことかをじっくり語り、最後に励まし、寝室に送ってくれたそうです。ジータは、「両親は私の夢を理解して、真剣に話してくれた。今の自分があるのは両親のおかげ」と語っているそうです。

8歳は小学校2年生です。幼児期の子どもは、跳び箱が跳べるようになりたい、竹馬に乗りたいというあこがれをはぐくみ実現して

きました。また、「友だちのステキ」を見つけ、価値観を育ててきました。しかし、幼児期のあこがれは、跳び箱や竹馬など、自分の身のまわりで見聞きできることを大きく越えてはいません。

ジータ少年の場合はちがいます。「自分がおとなになったとき」という遠い将来に想像を広げ、そこに存在する「大リーグの選手」という価値を発見しています。幼児期に育った考える力と価値観は、小学生になると未来の自分の姿を想像できるまで、大きく羽ばたいていることがわかります。

「深夜に両親の寝室を訪れた」ということにも、納得できます。ジータ少年は、ベットに入ったとき、「大リーグの選手になれたらどんなにいいだろうか」と気づいたのでしょう。そうしたら、興奮して眠れなくなったにちがいありません。最初はひとりで考えていたけれど、胸がいっぱいになってしまった。だから深夜に起き出して、両親の寝室を訪ねて語ったのだと想像できます。

強いあこがれを持って自分の未来を夢見ることができる時代。それが小学校の低学年なのではないでしょうか。低学年が抱くあこがれは、実現不可能なことかもしれません。5、6年生になれば「ダメだろうな」と考え、「今は、部活の野球部でがんばろう」と、現実的に判断するのではないでしょうか。

幼児期とはちがって想像の翼を羽ばたかせて夢見ることができる。けれども、高学年とはちがって、リアルになりすぎてはいない。空想的な夢をファンタジーと呼ぶならば、低学年は、リアルな世界とファンタジーとが共存することによって、独特の感性や夢を持てる時代であると言えるでしょう。

低学年児は、テレビや映画を見ても、マンガを読んでも、幼児期とは比較にならないくらい理解することができます。他方、リアルになりすぎていないから、非現実の世界を楽しむこともできます。ですから、シルバニアファミリー（エポック社）などのおもちゃを渡すと、幼児とは比較にならないほど打ち込んで、夢中になってあそびます。高校生や大学生が小さいころに見たアニメやヒーロー物語のテーマソングを歌って異常に盛り上がることがありますが、そのテレビ番組は、低学年のころに見た番組であることが多いようです。それだけ、低学年は夢に満ちた時代なのではないでしょうか。

　リアルな世界で生きていくことも大切ですが、低学年のうちはファンタジーの世界も大切にしたいと思います。夢を育てることは、自分の未来への希望を心の奥にはぐくむことなのですから。

ファンタジーの意味

　20年も前ですが、宮里和則さんと北島尚志さんは、学童保育でのファンタジーあそびの実践を報告しています。雰囲気を読みとるために、実践記録の一部を要約して紹介します。

　子どもたちが道を歩いていくと、しげみからグライダーがとんでくる。やっとの思いでつかまえたグライダーには指令文がついていた。「荻野さん（指導員）は宇宙人である。つかまえろ」と書いてある。気がつくとさっきまでそばにいた荻野さんがいない。遙かかなたに立ってこちらを見ている。
　「いたぞ」

走りだす。すると草の中にぱっとかくれ、こんどはちがった方向に……。走る。走る。走りぬける。道なき道を、草原の中を、そして水の中さえもつっきって。

だがやがてその「宇宙人」も子どもたちによってつかまえられてしまう。つかまえられた宇宙人の荻野さんは、子どもたちに尋問されてしまった。

子ども「何のために来たのだ」

荻　野「地球人と友だちになりたくて来たのです」

子ども「えっ本当？」

荻　野「本当です」

すると、少しみんなもやさしくなり、こんどはインタビュー（？）になる。

子ども「何が好きなの？」

子ども「何を食べるの？」

荻　野「タンポポがすきです」（思わずあとのことも考えず彼はこう言ってしまった）

子どもたちはタンポポを山ほど集めてきてしまったのだ。もちろん「友情」のしるしである。しかたなしに、喜んで彼はタンポポのいくつかを食べてしまった。生のタンポポはとてもにがかったそうだ。「友情」のにがさなのだろうか……。

（宮里和則・北島尚志『ファンタジーを遊ぶ子どもたち──南大井大作戦ミスターXを探せ』いかだ社、1986年）

実践の中で、実践者は興味深いことに気づきます。学校から帰っ

てくるとランドセルを背負うのも大儀そうで「つかれた」と言って座りこんでしまう、運動の苦手な１年生の男の子が、このあそびにだけは参加して走りまわるのです。宮里さんと北島さんは、次のように解釈しました。サッカーや野球などのスポーツは、リアルに勝敗が決まるので、運動が苦手な子はやろうとしない。けれど、ファンタジーのあそびならば、夢中になって身体を動かそうとします。そこに、競技とあそびのちがいがあるのではないだろうかと。

　今日、子どもたちは年齢の低いうちから習い事に通い、リアルな世界に入っていきます。リアルとファンタジーとをくらべると、天秤の針はリアルな世界のほうに大きく傾いているのが現実ではないでしょうか。低学年にはリアルな世界もファンタジーの世界も、ともに保障したいと思います。そこに夢が生まれ、将来への希望が生まれるのですから。

16　小学校高学年

青春へつづく小径

子どもの成長とは何か？

4年生ごろの変化

　低学年から高学年へ移り変わる小学4年生ごろ、子どもの心は再び飛躍のときを迎えます。

　低学年まで、子どもたちは自分の気持ちを親や先生に知ってもらうことで心理的な安定を得ていました。休み時間に先生のまわりに集まって、「アノネ、昨日ネ……」と我先にしゃべりはじめます。授業中も、答えがわからないのに手をあげ、指名されると「エヘヘ」と頭をかいてごまかしたりします。先生に自分のことを聞いてもらいたいし、先生にあててもらうだけでもうれしい。自分を守り導いてくれるおとなに全幅の信頼を寄せ、おとなの庇護を受けることでいきいきと活動する低学年は、まだ幼児期の延長線上にいます。

　高学年になると子どもの姿は大きく変化します。授業中、質問の答えがわかっても手をあげませんし、先生に指名されると無愛想に答えます。家庭でも、以前ほど親に話をしなくなります。

このような変化の裏側には、どのような成長が潜んでいるのでしょうか。

　息子が１年生のときに、２年生と４年生の友だちを連れて「ドラえもん」の映画を観に行ったことがあります。映画館に行くまでの姿が、低学年のふたりと４年生のひとりとでは対照的でした。楽しくてたまらない１年生と２年生のふたりは、歩きながら映画の主題歌を大きな声で合唱していました。すれちがう人には、「あの子たちは映画館に行くんだ」ということがバレバレですし、ウキウキしている気持ちも筒抜けになっています。しかし４年生の創くんはちがいました。低学年のふたりから２〜３メートル離れた路地の反対側を、「僕はあのふたりの連れじゃないよ」というふりをして黙々と歩いています。引率している私は「創くんは『ドラえもん』が好きではなかったのにムリヤリ連れてきてしまったのかな？」と心配になって、聞いてみました。

　「創くんはドラえもんが好きじゃなかった？」

　すると、彼はこう答えたのです。

　「ううん、好きだよ。でも、はずかしいからはしゃがないの。でも、去年までは僕もはしゃいでいたから、あの子たちの気持ちもわかるよ」

　心の中の楽しさを素直に表現してしまう１、２年生と、心の中を隠す４年生。ふたりとひとりの間に、明らかにちがいがあります。

　自分が思っていることや感じていることを、そぶりをとおしてあからさまに他人に知られたくない。自分の心の中は自分だけのプライバシーとして守っていたい――そういう変化が４年生ごろに訪れ

るようです。

内面が自立しはじめる

　自分の気持ちを隠しはじめるとき、子どもたちは大きな成長の課題を背負います。うれしくても、悲しくても、くやしくても、不安がいっぱいでも、それをおかあさんやおとうさんにありのまま告げることはできないのですから、自分自身の力で処理していかなければなりません。

　学校の帰り際に友だちとケンカをしたとき、友だちの前で涙を見せると負けになるので、涙をこらえて走って家に帰ります。その子が低学年であれば、玄関先で「おかえり」と出迎えたおかあさんの顔を見たとき、安心感で緊張の糸が切れ、涙をボロボロこぼして大声で泣き出すでしょう。おかあさんが「どうしたの？　何かあったの？」とたずねれば、「アノネ、○○ちゃんが……」と、しゃくりあげながら事情を話してくれます。4年生になるとふるまいはまったくちがいます。涙をこらえて帰ってくるのは同じですが、玄関の戸を開ける前に立ち止まり、「まさか涙は出ていないだろうな」と顔を点検します。そして、努力して笑顔をつくって玄関を入ってきます。表面的にとりつくろった子どもの姿を真に受けたおかあさんが「あら、楽しそうね。何かいいことあった？」と質問すると、「ううん、別に……」と言って自分の部屋へ駆け込み、ひとりになってから泣きます。

　低学年までは、くやしさや悲しさを親や先生に訴えることによって、何とかしてもらうことができました。しかし、4年生ごろから

は、心の中を人に伝えない分だけ、自分だけで処理していかなければなりません。自分の内面と向きあい処理していくという意味で、内面がおとなから自立しはじめたのだと言えるでしょう。小学校高学年から、青年・成人期につづく長い道のりを子どもたちは今、歩きはじめます。

たくましさの光と影

　内面が自立し、自分でくやしさや悲しさを処理できるようになることは、おとなになるためにはどうしても必要なことです。ひとりの人間として、精神的にたくましくなっていくことなのですから。
　しかし、歩く道は、ひとつとはかぎりません。
　夏休みの後半、まったく家に帰らないで繁華街の中にある公園でずっとベンチに座っている6年生の女児がいました。不審に思ったルポライターが「夜もずっと帰らないで何をしているの？」とインタビューをすると、援助交際の相手を見つけているのだと言います。「何日もずっとここにいて、家に帰らないみたいだけど、さびしくない？」とさらにたずねると、「別に。家にいるよりも、ここにいたほうが落ち着くし……」というのが彼女の答えでした。
　低学年であれば、深夜にひとりで公園にいるなんて、さびしくてできないでしょう。親がどんなに子どもにつらくあたっても、子どもは親を求めてきます。しかし、内面が自立しはじめた高学年になるとちがいます。親が自分を拒否したり無視したりするならば、「もういい」と考えてしまいます。さびしいことはさびしいけれど、さびしさを自分で処理することができるわけですから。もちろん、

ひとりではつらいので、援助交際の相手を求めたり、深夜にあやしげなところでたむろしている若者たちの中に入っていったりすることになるでしょう。それは、非行や少年犯罪に接近していくことです。

内面が自立したくましくなることには、光と影があります。子どもたちには、光に向かう道を歩いてほしいものです。

心の中に住むたくさんの人たち

第1章から、0歳からの心の成長を見てきました。おとなとのあやしあそびにはじまり、三項関係を築き、自我を発達させながら周囲の人への信頼感と自分への自信を育て、価値観をはぐくみ、将来への希望を語りながら子どもは成長してきました。

子どもたちのまわりには、いつも人がいました。0歳のころは、

喜びを表情で伝えあう存在であり、三項関係がはじまったころは対象への興味を伝えあう存在であり、幼児期は自分を認め愛してくれていると感じられる存在でした。小学生になっても、将来の夢を語り理解してもらえる相手でした。

　子どもを見守ってきた人は、やがて子どもの心の中に住むようになります。内面が自立したあとも、子どもは表面的にはぶっきらぼうになるけれど、心の中では親に語り、教師に語り、友だちに語りかけています。そのとき、心の中に住む人が温かい顔で自分を見つめてくれるならば、子どもはきっと、その人を悲しませない道を歩いていくでしょう。心の中の人がいつも険しい顔で自分を非難していたら、その人のところには近づきたくないと思うはずです。前に述べた少女にどのような事情があったのかはわかりません。しかし、「家よりも公園にいたほうが落ち着く」という言葉からは、彼女の心の中には、険しい顔か、無関心な顔で彼女を見つめる家族が住んでいるのでないだろうかと考えさせられてしまいます。

　子どもの成長とは、単純に何かができるようになっていくことを意味するのではないと思います。子どもの心の中に、温かい目で子どもといっしょに価値を見つけていく人がたくさん住むようになること。それが「育つ」ということなのではないでしょうか。

おわりに

　群馬県の生品保育園を訪問させていただいたときのことです。卒園児であるAくんがひょっこりあらわれました。今は教育学部に入学し、未来の教師をめざしています。Aくんは、しばしば保育園を訪問して雑談していくということでした。高校時代に保育園に来たとき、Aくんは園長先生にこう言ったそうです。「今思うと、オレ、むかしはワルガキだったよな。でもね、先生、人間っていつか自分を見つめ直すときが必ずくるんだよな」。いつかは自分を見つめ直すときが来る——名言です。

　本文中で、小学校高学年になって内面が自立しはじめたとき、場合によっては非行や少年犯罪に近づく可能性のあることを示唆しました。しかし、子どもの発達は長い道のりです。Aくんの言うように、どのような子どもであれ、青年期になれば自分を見つめ直すときがやってきます。ですから、発達のすじみちを、将来が決まってしまうというように宿命論的に考える必要はありません。

　しかし、青年期の見つめ直しは、必ずしも良い自分に変えようとする見つめ直しとはかぎりません。楽をしてお金を儲けようとする「見つめ直し」もありえるでしょう。Aくんはなぜ、価値ある自分に向かって自分を見つめ直したのでしょうか。

　私は、Aくんが園長先生に語りに来たこと自体に、その答えが隠されているように感じました。自分が価値ある人間になっていくことを喜んでくれる人がいる。園の先生たちが、そういう表情でAくんの心に住んでいるのではないでしょうか。だから、自分を見つめ直したことを伝えるために、Aくんはわざわざ園に足を運んだのでしょう。園の先生以外にも、同じようにAくんを見守っている人がたくさんいるにちがいありません。

　子どもを信じて見守る人たちがいるとき、子どもは長い道のりを自分を信じて価値ある自分に育てていくのでしょう。私はAくんのさわやかな話

を聞きながら、Aくんを育ててきたたくさんの人に思いを馳せていました。

　私はこの本を書きながら、なぜ自分は発達のことを考えているのだろうかと、しばしば考えました。子どもを良く育てたいから。それもあります。けれど、Aくんの言うように、子どもたちは長い道のりを歩む中で、自分を変えていきます。乳幼児期の育ちが将来にわたって決定的な影響を与えることは、めったにないでしょう。

　もう一度問いかけてみました。なぜ私はこの本を書こうとしたのだろうか。答えは、そのときどきの子どもに、もっとも幸せな時間を過ごさせたいからではないか、ということでした。

　子育ては楽しいこともいっぱいありますが、大変さもいっぱいあります。けれど、子どもが自立してからふりかえってみると、夢のように短い時間でした。そして、いつも思うこと。それは、自分は親として、子どもに子ども時代の幸せをプレゼントできただろうか、ということです。

　ここまで読んでくださって、ありがとうございました。みなさんのお子さんが、それぞれの年齢を幸せに過ごせますように。そう願って、ペンを置くことにします。

　本書を執筆するにあたって、多くの方々のお世話になりました。

　本の性格上、事例にかかわった方々のお名前は省略させていただきましたが、改めてお礼を申し上げます。乳幼児を育てているたくさんのおかあさんやおとうさん、子育て支援にたずさわっていらっしゃる方々との出会いも、うれしいことでした。本書を書きながら、みなさんのことを心に思い浮かべておりました。そして、私の学生たちへ。子どもの幸せを守る保育者になろうとして、真剣に夢を追うみんなの姿は、私のエネルギーの源です。これからもいっしょに夢を実現していきましょう。最後になりましたが、この本を無事発行にこぎつけるため、力を尽くしてくださったみなさんに心より感謝しております。ありがとうございました。

2008年夏
　　　　　　　　　　　　　　　　　　　　　　　　　　神田英雄

著者紹介

神田英雄（かんだ　ひでお）

1953年、埼玉県生まれ。桜花学園大学教授、発達心理学専攻。2010年3月逝去。
主な著書に、
『0歳から3歳──保育・子育てと発達研究をむすぶ〔乳児編〕』ちいさいなかま社、
『3歳から6歳──保育・子育てと発達研究をむすぶ〔幼児編〕』ひとなる書房、
『伝わる心がめばえるころ──2歳児の世界』かもがわ出版、
『保育に悩んだときに読む本──発達のドラマと保育の手だて』ひとなる書房、
『続・保育に悩んだときに読む本──発達のドラマと保育の手だて』ひとなる書房
　　　　　　　　　　　　　　　　　　　　　　　　　　　　　　　　ほか

はじめての子育て
育ちのきほん──0歳から6歳

2008年 8 月10日　　初版発行
2020年 9 月30日　　12刷発行

著　者　神　田　英　雄
発行者　名古屋　研　一

発行所　㈱ひとなる書房
東京都文京区本郷 2 - 17 - 13
広和レジデンス 101
電　話　03 (3811) 1372
ＦＡＸ　03 (3811) 1383

Ⓒ　2008　　印刷／モリモト印刷株式会社
＊落丁本、乱丁本はお取り替えいたします。